AF502072

ARS

ET SON PASTEUR

M. LE CURÉ VIANNAY.

Lk7 503

Trévoux. — Imp. et Lith. de J.-C. DAMOUR.

ARS

ET SON PASTEUR

M. LE CURÉ VIANNAY.

NOTICE NOUVELLE SUR LA PAROISSE D'ARS,

Par MICHEL GIVRE.

SUIVIE

DE ONZE INSTRUCTIONS OU CATÉCHIMES

DE M. LE CURÉ.

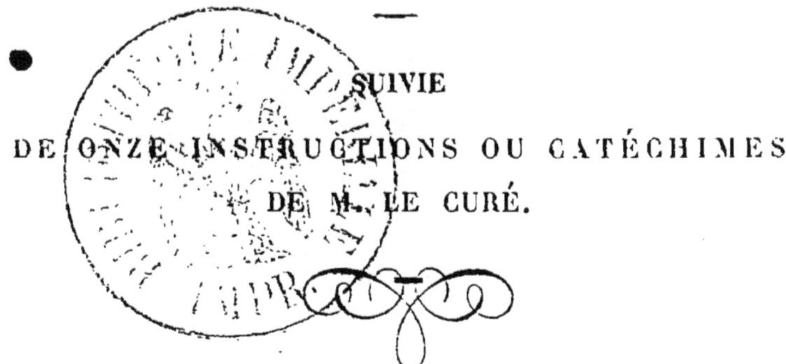

ARS

MICHEL GIVRE, LIBRAIRE-EDITEUR.

1857.

Mr J. M. B. VIANNAY, CURÉ D'ARS.
Chanoine honoraire et Chevalier de la Légion d'honneur.
J. C. DAMOUR Impr
Déposé

PRÉFACE.

Malgré les divers petits ouvrages publiés jusqu'à ce jour sur le pèlerinage d'Ars, et qu'on retrouve, soit à la librairie d'Ars, soit à Lyon et dans les villes voisines, presque tous les pèlerins, après les avoir lus et après avoir eu le précieux avantage de voir notre vénérable et saint

Pasteur et d'entendre durant quelques jours sa simple mais sublime parole, témoignaient le désir d'avoir des détails positifs sur le commencement du pèlerinage d'Ars ; sur les changements qui se sont opérés dans cette paroisse depuis l'époque où la divine Providence a daigné y envoyer ce bon M. Viannay.

On nous questionnait également sur les occupations journalières de ce digne Pasteur, sur les faits les plus saillants et les prodiges les plus remarquables dont nous avons été témoins.

On s'adressait de préférence à nous qui habitons le village d'Ars depuis plus de quarante années; mais nos occupations ne nous permettant pas toujours de répondre verbalement aux nombreux visiteurs, nous avons entrepris, pour satisfaire leur légitime et pieuse curiosité, de publier un recueil des divers faits et circonstances qui doivent le plus intéresser les personnes qui entreprennent le pèlerinage d'Ars.

Nous dédions donc ce petit ouvrage aux pèlerins d'Ars, notamment aux pèlerins pieux et charitables qui recherchant plutôt dans notre courte et simple narration, la vérité que le style, auront pour nous, petit libraire de village, auteur illettré et sans prétention, toute l'indulgence d'un bon chrétien envers son frère.

A ce petit recueil, nous avons ajouté onze instructions ou catéchismes de M. le Curé d'Ars, reproduisant autant que possible la parole douce, simple, mais persuasive de ce bon et modeste Pasteur.

On aurait pu donner un attrait de plus à cet ouvrage en l'enrichissant de de quelques détails relatifs aux conversions et guérisons extraordinaires et multipliées qui se sont opérées et s'opèrent chaque jour au village d'Ars, par l'intercession de sainte Philomène et à la suite des prières et austérités de M. le curé Viannay, et des neuvaines qui ont lieu sous ses auspices.

Il est très vrai que nous avons été

constamment témoins de ces prodiges; mais nous craindrions, chers lecteurs, en essayant d'en faire la narration qui nous semble être exclusivement du domaine de l'église notre bonne mère, d'anticiper sur le relevé historique qu'elle se réserve probablement d'en faire en temps opportun.

D'un autre côté, nous aurions en le faisant nous-mêmes, une autre crainte non moins grande, celle de déplaire à notre vénérable et humble Pasteur, en blessant peut-être sa modestie.

Nous sommes trop flattés, trop honorés de la confiance qu'il a daigné nous accorder jusqu'à ce jour, pour essayer une seule chose qui ne lui fut pas agréable.

Ainsi donc, chers lecteurs, sachez attendre qu'une main plus habile, vienne dans l'intérêt, même de la religion, vous retracer tous les triomphes dont elle est redevable, aux vertus aussi rares qu'éminentes, de notre vénérable et saint Pasteur M. Viannay.

ARS

—

DESCRIPTION DU VILLAGE

CHAPITRE I.

Ars, dont le nom est porté au loin par la réputation de haute vertu de M. Viannay, son pasteur, est situé en Dombes, arrondissement de Trévoux (Ain). Ce village est éloigné de Lyon de 35 kilomètres; il est à 8 kilomètres de Villefranche (Rhône), à 9 kilomètres de Trévoux, à 42 kilomètres de Bourg et à 5 de la Saône.

Ars se trouve placé sur le versant d'une colline couverte de vignes, d'arbres à fruits et environnée de vastes plaines fertiles rapportant toutes sortes de céréales.

Au bas de la colline coule le *Fonbleins*, joli petit ruisséau dont les eaux suivent en serpentant les ondulations du terrain jusqu'au village de Sainte-Euphémie, où elles se réunissent à celles du *Morbier*, et forment ensemble la petite rivière qui, à raison de cette réunion, prend le nom de *Formant* et va se jeter dans la Saône, entre Trévoux et Saint-Bernard, après un parcours de 15 kilomètres.

Les environs d'Ars sont charmants : partout de petits sentiers émaillés de fleurs; partout de gracieux bosquets de bois alternant avec des prairies. La nature a tout fait pour rendre ce lieu d'une solitude agréable. L'air y est sain, le silence du lieu n'est troublé que par le chant des oiseaux et le murmure du Fonbleins. Au sud-ouest du village, on voit l'antique château d'Ars, dont la fondation remonte au XIIIe siècle. Ce manoir, construit par les ancêtres de Guichard d'Ars, avant 1298, est resté de longues années dans cette famille.

Les seigneurs du nom d'Ars possédèrent cette terre depuis 1250 jusqu'à 1460, époque où elle fut vendue à Jean Buchet, sire de la Collonge; de là, elle passa dans la famille des Laporte, seigneurs de Chavagnac; dans celle des Groslée; des Coste, sires de l'Aubépin; dans celle des Cholier, des Bensin, des Cléberg, des Lafarge, seigneurs de Chaliouvre; enfin dans celle des Garnier-des-Garets, qui la possèdent encore aujourd'hui.

La campagne d'Ars s'étend dans la plaine dite de la Bierce, arrosée par le *Fonbleins* et renommée pour sa fertilité.

La situation retirée de ce petit village, caché entre des collines, l'a rendu tout-à-fait propre à la retraite et aux pèlerinages qui ont lieu sous l'influence de la vertu du vénérable et saint pasteur M. Viannay,

CHAPITRE II.

ENFANCE DE M. VIANNAY; SA VIE CLÉRICALE ET SON ARRIVÉE A ARS.

M. Jean-Marie-Baptiste Viannay est né à Dardilly (Rhône), le 8 mai 1786, de parents cultivateurs; aussi passa-t-il les premières années de sa vie comme les enfants des campagnes, à garder le troupeau paternel. Quoique né à l'aurore de la tourmente révolutionnaire, M. Viannay eut le bonheur d'avoir des parents religieux, qui ne se laissèrent pas égarer par les folies impies de 93, et qui inculquèrent à leur enfant les principes solides d'une sage vertu.

Le jeune Viannay montra dès l'enfance la plus tendre une piété vraie, et ne se plaisait qu'à la pratique de la religion. Lorsque les églises furent rouvertes, M. Balley, curé d'Écully, voyant les dispositions du jeune Viannay, se chargea de lui faire faire ses basses classes de latinité. Ce respectable curé savait que Sixte-Quint, le grand pape, avait été gardeur de pourceaux ; aussi n'hésita-t-il pas à faire entrer son protégé dans l'état ecclésiastique, avec la conviction que ce jeune prêtre deviendrait, par ses vertus, un sujet de respect pour ses collègues et de vénération pour ses paroissiens.

De 1811 à 1812, M. Viannay entra au petit séminaire de Verrières pour y faire sa philosophie; puis il termina ses études ecclésiastiques au grand séminaire de Saint-Irénée, et reçut bientôt les quatre ordres mineurs et le sous-diaconat. Le 2 février 1814, il fut ordonné diacre, et prêtre le 23 juin de l'année suivante, par monseigneur Simon, évêque de Grenoble, qui remplaçait le cardinal Fesch, archevêque de Lyon, lorsque ses occupations le retenaient à la cour de l'empereur Napoléon Ier.

Ce fut à l'âge de trente ans que M. Viannay fut ordonné prêtre et qu'il commença sa vie apostolique. M. Balley, qui avait élevé M. Viannay, et qui connaissait sa profonde piété et ses vertus, le demanda pour son vicaire à la cure d'Écully, ce qui fut agréé, et M. Viannay put s'initier à la vie cléricale sous les yeux de celui qui déjà l'avait initié à la connaissance des belles-lettres. Ce fut le 16 août 1815 qu'il entra en fonctions et qu'il prêta à M. Balley le secours de son ministère, secours que la gratitude unie à la piété lui faisait donner sans restriction. Aussi le jeune vicaire fut bientôt remarqué dans sa paroisse par son zèle, sa piété, son humilité et son fervent désir de ramener dans la bonne voie ceux qui avaït abandonné le culte du Seigneur.

Quelque temps après son arrivée à Écully, M. Viannay eut le chagrin de voir mourir M. Balley, son protecteur. Lors de cette perte regrettable, les habitants d'Écully jetèrent les yeux sur leur jeune vicaire, dont ils appréciaient le mérite, et luï demandèrent s'il voulait être leur curé. A cette ouverture, l'humble M. Viannay se récria, disant qu'il n'était pas digne d'un poste aussi élevé, et fit promettre aux personnes qui le voulaient pour pasteur, de ne faire aucune démarche auprès de ses supérieurs.

Bientôt l'autorité ecclésiastique nomma un desservant à Écully et donna à M. Viannay la cure d'Ars, devenue vacante par la mort de M. Déplace, arrivée dix-huit jours après son entrée dans la paroisse.

CHAPITRE III.

M. VIANNAY A ARS. ÉTAT ANCIEN ET ÉTAT ACTUEL DE SON ÉGLISE ET DE SA CURE.

C'est le 9 février 1818 que M. Viannay vint prendre possession de la cure d'Ars. Il fut reçu dans sa nouvelle paroisse par MM. Antoine Mandy, maire, et Michel Cinier, membre du Conseil municipal. Le premier soin du nouveau pasteur, une fois seul, fut de visiter son église, pour y faire sa prière et implorer les grâces de Dieu, afin qu'il daignât lui donner les vertus nécessaires à son importante mission. La description de l'église d'Ars en 1818, et de la cure à la même époque, comparée à l'église actuelle et à la cure de 1857, suffira pour donner une idée de la tendance de M. Viannay à s'oublier complètement et à ne songer qu'à la gloire de Dieu.

En 1818, la petite église d'Ars ne s'était pas encore relevée des démolitions révolutionnaires. Son clocher était une modeste charpente en bois, supportant une petite et unique cloche; il n'y avait dans l'intérieur aucune chapelle; seulement une humble statue de la Vierge placée à la droite du chœur en tenait lieu. Le maître-autel, en bois peint, était orné de quatre chandeliers en bois de la plus chétive apparence. A cette vue, le cœur ardent et religieux du nouveau curé se serre; il comprend tout ce qu'il y aura à faire pour donner au Seigneur une habitation plus digne de lui.

Après la visite de l'église, M. Viannay inspecte sa demeure et reste étonné de se voir mieux logé, lui, humble prêtre, que le Maître de toutes choses et de toutes richesses.

Sa cure se composait d'un salon, d'une cuisine au rez-de-chaussée, de trois chambres au premier étage et d'un grand et beau jardin rempli d'arbres fruitiers. C'était bien du terrain et un bien grand appartement pour celui qui était tout à Dieu et au prochain; aussi le jardin devint bientôt inculte, les arbres périrent faute de soins, et maintenant c'est un champ de blé ou de pommes de terre qui remplace les arbres à fruits, les allées de fleurs et les tonnes ombragées. Quant à ses appartements, il les dédaigna encore plus; il a converti le salon en bûcher, n'ouvre jamais qu'une chambre sur trois, au premier, et laisse les orties, les sureaux, les ronces envahir la cour, à tel point que ces dernières plantes font invasion dans la cuisine par une vitre cassée, et la tapissent presque entièrement; car, à quoi bon une cuisine à un homme qui ne vit que de l'amour de Dieu et de l'amour du prochain?

Lorsque M. Viannay vint à Ars, une femme d'un âge mûr, une veuve d'Écully qui connaissait les vertus du noble prêtre s'offrit à être sa cuisinière; mais la pauvre femme, malgré son bon vouloir, ne put accepter la sinécure de son emploi, car elle était cuisinière honoraire, M. Viannay, dans ses austérités, ne mangeant qu'un peu de lait, un morceau de pain et quelquefois un beignet, et le plus souvent une pomme de terre cuite à l'eau. Cette femme donc, reconnaissant la nullité de ses fonctions, obtint de M. le curé de retourner dans son pays, et pria une voisine de vouloir bien préparer les rares et minces repas du vertueux prêtre. Voilà pourquoi les ronces ont fait invasion dans la cuisine devenue inutile à son possesseur.

Quant à sa chambre, sauf quelques livres,

formant bibliothèque, M. Vianay n'avait d'autres meubles qu'un modeste lit et une table, plus un prie-Dieu, souvenir d'affection que lui avait laissé M. Balley, son second père.

Si M. le curé d'Ars s'occupait alors si peu du confortable de la vie et ne prenait aucun souci de sa santé et de son bien-être, il en était tout autrement lorsqu'il s'agissait de la maison du Seigneur; oh ! alors l'homme ascétique et pieux descendait aux plus petits détails pour tâcher d'orner et d'agrandir la maison de Dieu. C'est ainsi qu'il fit construire deux chapelles où les dorures et les peintures s'efforcent de frapper les yeux et l'imagination. Chapelle de la sainte Vierge, chapelle de sainte Philomène furent édifiées à sa voix, avec son patrimoine et le secours de personnes pieuses. Mais ces constructions donneront lieu à un chapitre spécial. Pour nous résumer, nous dirons qu'à son arrivée à Ars, M. Viannay trouva une chétive église et un joli presbytère, tandis que maintenant la commune possède une belle et riche église et une pauvre cure.

CHAPITRE IV.

EMBELLISSEMENT DE L'ÉGLISE D'ARS.

Un des soins constants de M. Viannay, dès son arrivée à Ars, fut d'embellir autant que possible le temple du Seigneur. D'abord il fit construire avec son patrimoine, avec des dons qu'il obtint, deux chapelles, dont l'une, dédiée à sainte Philomène, est devenue célèbre par les vœux qui s'y prononcent et les offrandes qu'on y porte. La vertu de M. Viannay avait bien vite gagné les cœurs ; aussi la sœur de M. le comte d'Ars, qui demeurait au château, tandis que son frère habitait Paris, émerveillée de la rigidité des mœurs, et de la sainte vertu de l'humble pasteur de la commune, écrivit à son frère, homme pieux, de la venir voir et de faire connaissance avec le nouveau curé que la Providence avait envoyé à la paroisse.

M. le comte d'Ars, accédant aux prières de sa sœur, vint à Ars, où tout ce qu'on lui avait dit de M. Viannay fut dépassé par la vue de l'homme lui-même. M. le comte comprit de suite toutes les hautes vertus qui se cachaient sous tant d'humilité ; dès-lors, concevant une grande estime pour le modeste prêtre, il se plut à enrichir son église pour lui être agréable.

De retour à Paris, M. le comte d'Ars envoya de la capitale deux belles garnitures de chandeliers d'autel, un tabernacle et plusieurs reliquaires. Quelque temps après, Ars reçut de la même personne un dais magnifique, trois superbes bannières qui devaient embellir la procession de la Fête-Dieu. Enfin, pour que tout fût en harmonie, M. le comte d'Ars donna un bel ostensoir en vermeil surmonté d'une croix en pierreries.

Après avoir songé à l'ornementation de l'autel, M. le comte pensa à l'embellissement de l'église, et pour celà il fit don à la fabrique de six mille francs pour la reconstruction de la façade de l'église , et pour agrandir le portail par lequel ne pouvait entrer le dais par lui donné.

M. le comte d'Ars ne fut pas le seul bienfaiteur de l'église de la paroisse. Bien des fois M. Viannay recevait de personnes pieuses et charitables, pour des achats d'ornements ou des réparations à faire, des sommes qu'il employait vite à soulager les pauvres et à atténuer la misère. Quand l'infortuné ne venait pas à lui, il allait à sa découverte, faisant partout d'abondantes aumônes avec l'argent qu'il recevait souvent pour une autre destination. Aussi, bien des fois il s'est trouvé d'avoir distribué aux malheureux le peu de numéraire qui lui restait, et de n'avoir pas un centime à donner aux maçons employés à la construction de ses chapelles.

Au lieu de se déconcerter, il redoublait ses prières, et jamais la Providence ne l'abandonnait. Un jour qu'il voulait payer les ouvriers qui venaient de construire une chapelle dans son église, M. Viannay ayant distribué tout son argent aux pauvres, alla trouver le maître maçon et lui raconta sa position, en le priant de vouloir bien l'attendre quelques jours. Son créancier, qui connaissait le zèle de ce vénérable pasteur à soulager les pauvres, ne fit aucune difficulté de l'attendre, sachant bien que la Providence viendrait à son secours. M. Viannay, en quittant le maître maçon, se dirigea le long du ruisseau qui coule au fond du ravin pour y réciter son chapelet. Lorsqu'il fut dans le sentier qui conduit du château d'Ars à celui de Cibeins, il rencontra une personne riche d'une commune voisine, qui lui demanda des nouvelles de sa santé. M. Viannay répondit qu'il allait très-bien, mais qu'il était fort ennuyé. — Ce sont peut-être vos paroissiens qui vous contrarient? — Non, Monsieur, au contraire, j'en suis très-content; seulement, j'ai fait construire une chapelle dans mon église, et je ne me trouve pas d'argent pour payer les ouvriers.

Cette personne, qui connaissait les vertus de ce bon prêtre, s'empressa de le sortir d'embarras; car, ouvrant sa bourse, elle lui remit une somme bien plus forte que celle qu'il devait au maçon, et le pria de se souvenir de lui dans ses prières. M. Viannay alla de suite porter la somme qu'il devait à son créancier, en lui disant que la Providence était venue à son secours. Ce fut en faisant construire la chapelle de Sainte-Philomène qu'il fut ainsi tiré d'embarras par la Providence.

En parlant de cette chapelle, qui représente sainte Philomène droite et dans le tombeau, nous dirons un mot sur cette sainte, comme se plaisant à faire des miracles dans cette chapelle.

La découverte de cette sainte dans les catacombes de Rome n'étant pas ancienne, son culte n'était pas encore bien répandu. Ce fut M. Viannay qui, le second en France, fit construire une chapelle en son honneur. De son côté, sainte Philomène n'a pas été insensible aux prières de ce vénérable pasteur, et nous en verrons une preuve dans un chapitre particulier.

En face de la chapelle de sainte Philomène se trouve celle de l'*Ecce homo*, puis celle des *Saints-Anges*, qui est la dernière chapelle que M. Viannay ait fait construire avec celle de la Sainte-Vierge et de Saint-Jean-Baptiste, son patron.

CHAPITRE V.

CHANGEMENT DE LA COMMUNE D'ARS AU MORAL.

Lorsque M. Viannay vint à Ars, en 1818, il trouva sa nouvelle paroisse comme toutes celles de la Dombes, très-tiède à remplir les devoirs religieux; et si l'église était aussi délabrée aussi pauvre, c'était à l'indifférence des habitants qu'on pouvait l'attribuer.

Cette indifférence, M. Viannay pensait bien

la vaincre par ses conseils, ses exhortations, l'exemple de sa conduite et ses prières; mais ce qu'il avait le plus à cœur, c'était d'extirper de la population l'habitude des danses et des réjouissances publiques, où l'âme de ses paroissiens oubliait le Seigneur et se pervertissait. Ce qui effraya surtout le nouveau pasteur, ce fut d'apprendre que le village d'Ars, non content de célébrer par une vogue la fête de son patron, saint Sixte, dansait encore le jour de saint Blaise, le mardi-gras et le premier jour de mai. Comme ces fêtes ont entièrement disparu de la paroisse, nous allons en parler comme étude de mœurs et pour montrer quelle influence a dû exercer M. Viannay pour faire supprimer de telles réjouissances.

Le 6 août, fête de saint Sixte, premier patron d'Ars, était l'époque la mieux fêtée. On faisait dans le village les mêmes préparatifs que dans une ville : musique, jeux, rien ne manquait. On commençait la fête par une promenade avec la musique. Après avoir fait plusieurs fois le tour du village, qui alors était fort petit, les danses commençaient et ne finissaient qu'au milieu de la nuit. Le lendemain était fêté comme la veille.

Pour la fête de saint Blaise, les garçons allaient dans les maisons, accompagnés d'un musicien. Chaque habitant s'empressait de leur faire des présents; les uns donnaient des œufs, d'autres de la volaille, ceux-ci du lait, celui-là de la viande, d'autres remplissaient de vin le vase qu'ils portaient avec eux. Chaque fois qu'ils sortaient d'une maison, ils faisaient précéder leur sortie d'un pas de danse; puis, après avoir parcouru ainsi toutes lès maisons du village, ils se rendaient dans une auberge où ils mangeaient et buvaient leur quête. Le dîner fini, les danses commençaient et ne se terminaient qu'au lever du soleil.

Le mardi-gras était célébré comme il l'est encore aujourd'hui dans les campagnes. On se travestissait, on se masquait très grotesquement, et on allait se divertir ainsi dans les veillées qui existent à cette époque de l'année chez les habitants aisés. Le premier soir de mai, les jeunes gens allaient chanter sous les fenêtres le *Mois de mai*. Les habitants se levaient, leur donnaient comme à la saint Blaise, et la fête se terminait de la même manière.

En arrivant à Ars et en apprenant ces tristes habitudes, M. Viannay songea immédiatement au moyen de les supprimer. Ce fut après deux ans de prières ferventes, de jeûnes, d'avis, de fermeté, qu'il vint à bout d'extirper le mal jusque dans sa racine, en empêchant la fête patronale elle-même. Aux prières, aux exhortations, aux conseils paternels, M. Viannay joignit, pour arriver à son but, des moyens humains qui achevèrent son œuvre.

Un jour il pria un des habitants de la paroisse, d'aller trouver l'aubergiste qui était chargé des préparatifs de la vogue, et de lui demander quelle somme il pensait gagner ce jour-là. L'aubergiste dit ce qu'il avait gagné les années précédentes. —Eh bien! dit le visiteur, si on vous assurait cette somme, empêcheriez-vous que l'on fît la vogue cette année? Sur la réponse affirmative de l'aubergiste, M. Viannay donna l'argent demandé. Après avoir reçu son bénéfice annuel, sans avoir aucune peine, aucun embarras, l'aubergiste écrivit de suite aux musiciens ordinaires de ne pas venir, qu'il n'y aurait pas de vogue à Ars cette année-là. Comme les jeunes gens commençaient à comprendre et à suivre les avis de leur vénérable et pieux pasteur, ils ne firent aucune démarche pour rétablir la fête patronale, et dès ce jour la vogue fut bannie du village d'Ars.

CHAPITRE VI.

COMMENCEMENT DU PÈLERINAGE D'ARS.

M. Viannay, dont le zèle pour le salut des pécheurs allait toujours croissant, après avoir corrigé les abus qui infestaient son troupeau et l'avoir rendu docile à ses avis, étendit les bienfaits de ses vertus sur les communes voisines. Tantôt il visitait les pauvres, tantôt il soulageait spirituellement et temporellement les personnes qu'il savait être dans le besoin.

Les prêtres voisins, qui voyaient les progrès que faisait cet honorable curé pour le salut de son troupeau, et avec quel succès il avait corrigé les abus chez ses paroissiens, eurent la pensée de le demander pour prêcher dans les missions qui se faisaient aux environs, afin qu'il opérât le même bien sur ces divers troupeaux que sur le sien propre.

La grande humilité, la patience, les vertus brillaient tellement sur le visage de M. Viannay, qu'il attirait à lui les plus endurcis; ils ne pouvaient résister aux invitations paternelles qu'il leur faisait dans ses sermons. Aussi, dans différentes missions qu'il fit et dans d'autres où il assista, son confessionnal était toujours environné d'un grand nombre de pénitents.

Malgré la peine que se donnait M. Viannay pour ramener les pécheurs dans la voie du salut, il continuait toujours ses jeûnes et ses mortifications. Souvent on était obligé de le faire sortir du confessionnal pour lui faire prendre un repas; car on craignait que ses jeûnes austères, joints aux fatigues, ne le fîssent succomber, ou ne le rendîssent incapable de continuer les nombreuses confessions qu'il avait commencées. Ce fut à une mission qui eut lieu à Trévoux que l'on vit à quel degré de perfection se trouvaient les vertus de ce vénérable pasteur. Il entendit presque toutes les confessions et opéra un grand changement sur les personnes qui s'adressaient à lui et qui assistaient à ses sermons.

Lorsque M. Viannay fut rentré dans sa paroisse, les personnes qu'il avait dirigées dans les missions, satisfaites des sages avis qu'elles avaient reçus, continuèrent à l'avoir pour directeur et allèrent à Ars de temps en temps raffermir leur piété. Tel fut le commencement du pèlerinage.

Bientôt les visites à Ars se multiplièrent. Dès qu'une personne se trouvait dans quelque revers ou affligée de quelque maladie, elle se rendait à Ars auprès de M. Viannay, lui racontait les malheurs qu'elle éprouvait, les maladies qui l'affligeait, elle ou les siens; alors les consolations, les prières, les conseils de M. Viannay opéraient un grand changement sur cette personne, qui s'en allait tout-à-fait soulagée ou guérie, et qui proclamait partout les vertus et les bontés du curé d'Ars.

Peu à peu, le nombre des pèlerins allant toujours croissant, il arriva bientôt au chiffre énorme de cent mille visiteurs venant chaque année à Ars pour retrouver la vie de la grâce, des conseils salutaires et des soulagements efficaces à leurs afflictions ou maladies.

Les guérisons qui se font à Ars sont opérées par sainte Philomène, dont l'église possède les reliques. Aussi, lorsque des personnes s'adressent à M. Viannay, soit pour des conversions, soit pour des maladies corporelles, c'est toujours à sainte Philomène que M. le curé les recommande. Il dit à ces personnes de faire une neuvaine à cette sainte, et que de son côté il la priera d'écouter les demandes qui lui seront faites dans son petit sanctuaire.

La chapelle de sainte Philomène, à Ars, est toute garnie de béquilles et d'*ex voto*. On y voit continuellement des cierges qui y brûlent et des personnes affligées de toutes sortes de maux qui la prient avec ferveur, afin d'obtenir par son intercession une guérison ou un grand soulagement à leurs douleurs.

CHAPITRE VII.

AGRANDISSEMENT DU VILLAGE D'ARS.

Les vertus et la réputation de M. Viannay attirant de plus en plus les pèlerins, Ars commença à changer au point de vue physique comme il a été changé au point de vue moral.

Les premiers visiteurs éloignés qui vinrent à Ars le firent d'abord en voiture particulière, et encore étaient-elles obligées de repartir le même jour, ne trouvant au village ni hôtel, ni remise, ni écurie, rien enfin de ce qui pouvait faire prolonger un séjour. Cependant le nombre des pèlerins allant toujours croissant, et la nouvelle route de Villefranche à Villars passant par Ars, il fut créé un service d'omnibus qui permit aux visiteurs d'aller et de revenir le même jour. La foule augmentant, une compagnie rivale monta un autre service de voitures qui, pour 50 centimes, amenait les pèlerins de Lyon à Ars. Dès-lors, le pèlerinage prit une telle extension, que des maisons particulières se changèrent en hôtels, puis ces établissements ne suffisant pas, de vrais hôtels furent construits; ils sont actuellement au nombre de cinq, sans y comprendre un grand nombre de logeurs. Déjà boulangers et bouchers étaient venus tenter la fortune à Ars, et leur réussite avait été un appât pour d'autres.

Le village d'Ars, qui en 1820 n'avait que deux cents habitants, en compte maintenant plus de six cents. Un grand nombre de maisons ont été construites, surtout autour de l'église; presque toutes servent de magasins où se vendent des objets de piété, des livres religieux, des portraits du curé d'Ars et des médailles.

Si autrefois on était obligé de coucher sous des hangars, dans les fenils et les écuries, le pèlerin trouve actuellement vingt lits pour un, grand nombre de propriétaires ayant disposé des chambres dans leurs maisons pour loger les visiteurs. Il y a chaque jour sept départs de la gare de Villefranche, et quatre par les bateaux à vapeur qui débarquent à Frans; en outre, il existe encore un service par terre de Lyon à Ars. Ainsi, le village d'Ars, qui autrefois était désert et presque inconnu, reçoit actuellement cent mille visiteurs par an; que l'on juge par là de son changement physique, et quel bien et quelle fortune est pour la paroisse le vertueux M. Viannay.

CHAPITRE VIII.

LES TROIS CHOSES QUI, UN INSTANT, PORTÈRENT M. VIANNAY A QUITTER SON TROUPEAU.

Les efforts que fit M. le curé d'Ars pour changer le cœur de ses paroissiens compromirent sa santé. Les prières, les jeûnes, les mortifications qu'il s'imposa finirent par affaiblir le peu de force qui lui restait, et il tomba malade.

Ses supérieurs, qui ne le perdaient pas de vue et qui s'intéressaient à lui, le firent nommer à la cure de Salles, dans le Beaujolais, comme étant la mieux située pour rétablir sa santé.

Les habitants de Salles, connaissant les embellissements que M. Viannay avait faits à l'église d'Ars pendant le peu de temps qu'il avait habité ce village, furent enchantés de l'avoir pour pasteur. Mais la Providence, qui avait choisi Ars pour être le lieu où son fidèle serviteur devait faire éclater ses vertus et ranimer la foi des milliers de personnes qui s'adresseraient à lui, suscita, ainsi qu'on le voit ci-après, des obstacles qui l'obligèrent à rester dans sa première cure.

Les habitants, sachant qu'on voulait leur enlever leur curé, firent aussitôt des démarches auprès de ses supérieurs et les prièrent de ne pas mettre leur projet à exécution.

En 1819, le jour où l'on emmenait le mobilier de M. Viannay, à la cure de Salles, on ne put traverser la Saône, horriblement grossie par les pluies de la veille. On fut obligé de s'en retourner et de renvoyer le voyage à un autre jour.

Pendant cet intervalle de temps, les gens d'Ars qui comprenaient la perte qu'ils allaient faire en laissant partir leur vénérable pasteur, employèrent toutes sortes de moyens pour le garder au milieu d'eux.

Lorsqu'il vit le véritable attachement que son troupeau avait pour lui, M. Viannay ne put se décider à le quitter; il écrivit au grand-vicaire qui l'avait nommé à la cure de Salles, de vouloir bien le laisser à son premier poste, son troupeau lui étant tellement attaché qu'il ne pouvait se résoudre à s'en séparer, et que quant à sa santé, il la retrouverait aussi bien à la cure d'Ars qu'à celle de Salles, si telle était la volonté de Dieu. Alors M. Courbon, grand-vicaire du cardinal Fesch, le laissa libre de rester ou de partir pour Salles.

En 1844, M. Viannay, contrarié du peu d'accord qui existait entre ses paroissiens, voulut y porter remède en détruisant le motif qui causait cette désunion. Il résolut de quitter Ars, et par là d'arrêter le service des voitures publiques qui se faisaient concurrence et causaient des discussions continuelles entre les conducteurs qui, pour avoir des voyageurs, criaient, se disputaient et en venaient quelquefois à des voies de fait. C'était bien là le vrai moyen de les corriger, attendu que les voitures n'étaient remplies que d'étrangers qui venaient admirer les vertus de ce pieux et saint pasteur. Une fois M. Viannay parti, le pèlerinage était détruit et les voyageurs sujets de leurs disputes cesseraient d'affluer.

Le peu de jours que dura son absence, la paroisse d'Ars devint déserte, et les étrangers qui y accouraient en foule cessèrent tout-à-coup d'y venir.

C'est alors que les habitants d'Ars comprirent toute l'étendue de la perte qu'ils venaient de faire dans la personne de leur curé. Plusieurs d'entre eux allèrent le trouver et le prièrent de revenir à Ars, lui promettant d'éviter à l'avenir tout ce qui pourrait le contrarier.

Vaincu par leurs promesses et leurs prières, M. Viannay consentit à rejoindre ses paroissiens. Les cloches annoncèrent à tout le village l'arrivée de son pasteur. Toute la paroisse se rendit sur son passage, afin de recevoir sa bénédiction.

Il se mit à confesser comme d'habitude, et les pèlerins qui avaient été arrêtés par son absence revinrent avec empressement aussitôt qu'ils apprirent son retour.

La troisième fois qu'il voulut quitter son troupeau, ce fut en 1853. M. Viannay, qui était continuellement occupé des confessions des personnes étrangères qui s'adressaient à lui, négligeait forcément sa paroisse, il demanda à monseigneur Devie, évêque de

Belley, un prêtre qui serait chargé de la conduite de son troupeau. On lui adjoignit à ces fins M. l'abbé Raymond, qui, ne pouvant s'habituer à Ars, fut remplacé par un des missionnaires du diocèse de Belley.

Ce changement parut affliger singulièrement M. Viannay, et pour la troisième fois il prit la résolution de quitter sa paroisse. M. le curé d'Ars n'avait communiqué son projet qu'à la personne qui lui préparait sa nourriture et qui devait l'accompagner dans ce voyage.

Le soir qu'il devait partir, le frère Jérôme, employé à la sacristie, l'accompagna comme d'habitude à la cure. En le quittant, M. le curé lui dit adieu..... Le frère en fut surpris, attendu qu'il n'avait pas l'habitude d'agir ainsi les autres soirs où il l'accompagnait. Une fois sorti de la cure, le frère sacristain alla trouver la personne qui préparait les repas de M. Viannay, et lui fit part de son étonnement. — Est-ce que par hasard il voudrait nous quitter? dit le sacristain. Cette personne ne put lui répondre affirmativement, attendu que M. Viannay lui avait défendu de dévoiler son secret, mais elle se servit d'une comparaison qui lui fit pressentir la vérité.

Aussitôt, le frère Jérôme alla communiquer à ses confrères et au missionnaire ce qu'il venait d'apprendre au sujet de M. le curé. Ils s'empressèrent d'aller monter la garde autour de sa cure, afin de le voir sortir. A minuit ils aperçurent du feu dans sa chambre, et quelques minutes après ils le virent sortir de la cure, ayant sous le bras son bréviaire et un petit paquet de linge. Le missionnaire et les frères firent tous leurs efforts pour le décider à rester; tout fut inutile. Alors ils le suivent en continuant leurs instances; puis ils font sonner les cloches. Les habitants, croyant que l'on sonne au feu, se lèvent avec précipitation et regardent de tous côtés pour découvrir l'incendie. Munis de seaux, ils se dirigent vers l'église; mais quelle est leur surprise lorsqu'ils apprennent que la cloche d'alarme leur annonçait un tout autre sinistre; car c'était le départ de leur curé. Aussitôt ils jettent leurs ustensiles à incendie, se précipitent sur les traces de M. Viannay et l'atteignent sur les bords du ruisseau le Fonbleins, qui coule au fond du ravin. Pour traverser ce ravin il fallait passer sur une planche; le missionnaire, qui n'avait pas quitté M. le curé depuis sa sortie de la cure, se mit à genoux sur cette petite passerelle, espérant le fléchir en le suppliant dans cette attitude. Mais ce fut en vain; rien ne put ébranler sa résolution, et l'on fut obligé de le laisser passer.

Voyant qu'il était inutile d'employer la prière, il fallut se décider à avoir recours à la ruse. Comme la nuit était très-sombre et que M. Viannay, qui sortait rarement, avait perdu de vue les chemins qui avoisinent Ars, on lui fit prendre un chemin tortueux et ombragé qui devait le ramener à ce village.

En effet, après avoir ainsi marché pendant une demi-heure, M. le curé, qui se croyait bien éloigné, se vit, à sa grande surprise, au milieu de sa paroisse. Alors il reconnut qu'il avait été trompé dans sa route, et au lieu de rétrograder, il se rendit à l'église et alla confesser comme d'habitude.

CHAPITRE IX.

DEUX PARTICULARITÉS ARRIVÉES A M. LE CURÉ D'ARS.

En 1855, le frère de M. Viannay étant tombé dangereusement malade, les habitants de Dardilly, qui depuis longtemps essayaient de sortir M. Viannay de sa cure d'Ars, afin de l'avoir dans leur paroisse, profitèrent de cette occasion pour faire une nouvelle tentative.

Deux personnes vinrent un jour à Ars et

prièrent M. le curé de se rendre auprès de son frère, qui désirait beaucoup le voir avant de mourir. M. Viannay se fit une obligation d'accomplir les derniers désirs de son frère, et de le préparer à une bonne mort. On s'empressa de lui procurer une voiture.

A peine avait-on fait deux heures de marche, que M. le curé se trouva fatigué. On le fit descendre, pensant que c'était la voiture qui l'incommodait. Après qu'il eut fait un kilomètre à pied, les forces lui manquèrent complètement. Ne pouvant ni supporter la voiture, ni faire la route à pied, il fut forcé de rétrograder, malgré le désir qu'il avait de voir son frère. On retourna du côté d'Ars avec la crainte que la fatigue n'augmentât, et qu'il ne pût revenir dans sa paroisse; mais, à la grande surprise des personnes qui l'accompagnaient, plus M. Viannay se rapprochait d'Ars, plus ses forces augmentaient, de sorte qu'en arrivant il put aller confesser immédiatement.

Les personnes qui étaient à Ars au moment du départ de M. le curé, ne sachant pas combien de temps durerait son absence, s'étaient empressées de s'en retourner par le premier départ du chemin de fer.

A peine les voitures pouvaient-elles contenir les nombreux voyageurs. Arrivés près de Trévoux, les voyageurs apprirent que M. Viannay n'ayant pu continuer sa route, avait été forcé de revenir à Ars. A cette nouvelle, ils descendirent tous de voiture et revinrent sur leurs pas.

En 1857, il était arrivé un petit accident à M. le curé d'Ars ; le voici :

Un matin, M. Viannay, en frottant une allumette pour avoir de la lumière, laissa tomber sur son lit une étincelle qui lui communiqua le feu. M. le curé, qui ne s'en était pas aperçu, alla confesser à une heure du matin comme d'habitude. Quelle fut la surprise de la personne qui entra dans sa chambre, à sept heures, lorsqu'elle vit le lit tout consumé (nous fumes des premiers qui surent cette nouvelle, et nous nous transportâmes sur les lieux pour porter secours). En arrivant dans la chambre, nous vîmes le lit consumé sans qu'il y eût des flammes; car le feu s'était concentré entre la couverture et la paillasse. La fumée était insupportable. Nous en prîmes les débris du lit qui n'étaient pas entièrement brûlés, et nous les jetâmes dans la cour, où des personnes éteignaient le feu.

Lorsque M. le curé apprit l'incendie de son lit, il n'en fut guère affecté et ne se dérangea pas de son confessionnal. Le soir, en voyant son lit tout consumé, il ne put s'empêcher de rire, et dit en plaisantant : « Le diable n'a pu avoir l'oiseau, il a brûlé la cage. » Après qu'il fut rentré à l'église, on se disputait pour remplacer son lit; chacun voulait avoir cet honneur.

D'après la recommandation de M. le curé, *qui ne voulait pas accepter un lit qui eût du luxe*, on lui en choisit un très-simple, afin de ne pas contrarier les désirs de ce vénérable pasteur.

Tous les débris du lit de M. le curé furent enlevés. On voyait des dames tenant dans de jolis mouchoirs bien blancs des morceaux de couvertures ou de drap tout calciné. On emportait ces choses comme des reliques, parce qu'elles avaient servi à M. le curé d'Ars.

CHAPITRE X.

OCCUPATIONS JOURNALIÈRES DU CURÉ D'ARS.

En Été, M. Viannay vient à l'église à une heure du matin. Après avoir fait la prière, il entre au confessionnal jusqu'à cinq heures du matin. Il sort du confessionnal des femmes pour se rendre à celui des hommes, qui se trouve dans la nouvelle sacristie. A six heures et demie, il dit sa messe. A sept heures, il bénit les chapelets, les médailles qu'on lui présente et met sa signature sur les images et les livres. Après qu'il a béni et signé ces objets, il se rend à la cure pour prendre son déjeuner, qui se compose d'un demi-litre de lait bouilli et de deux onces de pain. Ensuite il rentre au confessionnal des hommes jusqu'à onze heures.

A onze heures il fait son catéchisme; à onze heures et demie, il va voir ses malades, puis il rentre à la cure pour dîner. Son dîner se compose, comme son déjeuner, d'un peu de lait et de pain.

Depuis que M. le curé d'Ars habite ce petit village, il n'a jamais fait usage de vin ni de viande. Ce n'est qu'en 1843, lorsqu'il fit une grave maladie, que les médecins le forcèrent à prendre un peu de vin, mais il ne suivit pas longtemps leur ordonnance.

A une heure après midi, il va chez son missionnaire pour recevoir les lettres qu'on lui envoie. Après sa visite, qui ne dure que quinze minutes, dans le petit trajet qu'il y a de la cure à la maison du missionnaire, il est accompagné d'une foule de personnes de tous les rangs, de toutes les conditions qui se pressent autour de lui pour lui parler. Il leur distribue des médailles jusqu'à l'église.

Quelle patience on remarque dans M. Viannay! Il ne rebutte jamais personne. Riches ou pauvres, instruits ou ignorants, il répond à tous avec la même bonté.

Il en est qui lui coupent ses cheveux, sa soutane, pour en faire des reliques. Quoiqu'il éprouve beaucoup de peine lorsque ces personnes agissent ainsi, il ne dit aucune parole qui pourrait les blesser.

En sortant du confessionnal des femmes, il se rend à celui des hommes, où il demeure jusqu'à sept heures et demie; il fait ensuite la prière du soir et rentre à la cure pour se reposer.

Voilà comment M. le curé d'Ars passe ses journées, ne faisant que deux repas par jour.

Un peu de pain et du lait est toute la nourture qu'il prend pour le soutenir.

On voit souvent des personnes se moquer de M. le curé d'Ars, lorsqu'elles entendent dire qu'il vit avec si peu de choses. Nous dirons à ces personnes incrédules de s'adresser à celles qui ont vu ceci de leurs propres yeux, ou bien de venir s'assurer elles-mêmes de la vérité; alors elles changeront de langage et d'opinion.

On chante les vêpres, pendant lesquelles il confesse quelques personnes. Après les vêpres, il monte en chaire et dit le chapelet, puis il confesse les femmes jusqu'à cinq heures.

CHAPITRE XI.

DES DIFFICULTÉS QUE L'ON ÉPROUVE A PARLER A M. LE CURÉ D'ARS.

Quoique M. Viannay consacre les journées et une grande partie des nuits à entendre les confessions, à donner les avis et les conseils qu'on lui demande, il ne peut satisfaire les désirs des nombreux pèlerins qui s'adressent à lui pour recevoir des consolations spirituelles et corporelles.

Lorsque M. le curé d'Ars a fini sa journée à l'église, vers les neuf heures du soir en été et six heures en hiver. On voit une foule de personnes qui s'entassent les unes sur les autres dans le vestibule appelé *sous le clocher*, pour garder leurs places jusqu'au moment de l'ouverture de l'église. A minuit on ouvre les portes, et tout le monde se précipite dans l'église, afin d'arriver des premiers près du confessionnal. Il n'est pas rare, dans cette foule qui n'est composée que de femmes, d'en voir quelques-unes moins adroites que les autres tomber en voulant se précipiter trop vivement. Dans ce cas elles ne se relèvent qu'avec peine, attendu qu'elles sont toujours poussées par la foule.

Malgré les efforts que les personnes qui ouvrent l'église font pour maintenir l'ordre, bien souvent elles ne sont pas les maîtresses.

Une fois que chacun a pris sa place, on attend M. Viannay, qui rentre à l'église à une heure du matin en été et trois heures en hiver. Il commence par la prière du matin, ensuite il se met à confesser jusqu'à cinq heures.

En été comme en hiver, il y a toujours des personnes *sous le clocher* qui attendent l'ouverture des portes pour être les premières au confessionnal, malgré les chaleurs de l'été et les rigueurs de l'hiver.

Lorsqu'il y a beaucoup de monde, il n'est pas rare de voir des visiteurs qui, après avoir passé plusieurs nuits *sous le clocher*, ne sont pas plus avancées que le premier jour; et cela arrive à toutes les personnes qui ne sont pas assez hardies pour s'ouvrir un passage à travers la foule et empêcher celles qui sont derrière de passer à leur place.

Il y a des pèlerins qui attendent M. le curé à la porte de la cure lorsqu'il en sort pour aller à l'église; ils lui disent qu'il y a trois jours, cinq jours qu'ils sont à Ars, et qu'ils n'ont pas encore passé. M. Viannay désirerait contenter toutes les personnes qui s'adressent à lui, mais la foule est parfois si grande, qu'il lui est impossible de satisfaire tout le monde.

Quelquefois il dit aux personnes qui ont passé la nuit à sa porte de le suivre à l'église; mais, arrivées près du confessionnal, celles qui sont placées sur les rangs s'opposent à leur passage et les forcent à rétrograder.

S'il vient beaucoup de femmes à Ars, pour demander des conseils ou pour se confesser, il y vient aussi beaucoup d'hommes, soit pour lui demander des avis, soit pour retrouver la vie de la grâce par une bonne confession. Il en est qui viennent simplement par curiosité, et quelquefois même pour tourner en dérision M. le curé d'Ars; mais ces mêmes personnes étant ensuite frappées des paroles de ce vénérable pasteur, sont obligées de convenir qu'il y a quelque chose de divin, d'extraordinaire dans sa vie.

Le peu de nourriture qu'il prend pour le

travail qu'il fait journellement ne pourrait le soutenir, s'il n'était réconforte par la grâce de Dieu.

Les hommes qui veulent se confesser à Ars, éprouvent bien moins de difficultés à passer que les femmes, parce que celles-ci sont plus nombreuses. Bien souvent, au confessionnal des femmes, les dernières veulent être les premières, tandis qu'à celui des hommes il y a plus d'ordre, chacun passe à son tour, et les derniers arrivés ne cherchent pas à prendre la place des premiers.

CHAPITRE XII.

DE LA PROVIDENCE D'ARS

Lorsque M. Viannay fut nommé à la cure d'Ars, il remarqua que c'était l'ignorance où étaient plongés les habitants qui les rendait si pervertis.

Après avoir corrigé les abus qui étaient capables de les faire tomber dans le péché, il prit la résolution de fonder une maison où l'on recevrait les pauvres orphelins, afin de leur donner la nourriture du corps et surtout celle de l'âme, et pour en faire de bonnes mères de famille ou d'excellentes religieuses, selon leur vocation.

Après avoir acheté la maison, il lui fallut chercher des personnes capables de la diriger et de donner une éducation suffisante aux jeunes personnes qui allaient fréquenter cette école ou providence.

M. Viannay choisit dans son troupeau les deux jeunes personnes les plus avancées dans l'instruction et les pratiques religieuses. Il les plaça chez les sœurs de Fareins, commune voisine d'Ars, pour les faire mettre au courant de la direction d'une école.

Ce fut au bout d'un an que ces deux filles vinrent à Ars commencer l'établissement fondé par M. Viannay. Une veuve de Chaleins se joignit à elles pour leur aider à gouverner une maison d'une si grande importance.

M. Viannay donna à cet établissement le nom de Providence; il voulut par là, mettre cette maison sous la protection de cette Mère qui n'abandonne point ceux qui ont recours à elle.

Cependant, pour ne pas tenter le Seigneur en poussant trop avant son espérance, il vendit ses biens patrimoniaux et consacra cette somme à commencer l'œuvre, espérant que la divine Providence ferait le reste.

Aussitôt que cette maison fut achevée, on vit de tous côtés des mères de famille, veuves et sans ressources, venir auprès de M. le curé d'Ars pour faire recevoir un ou deux de leurs enfants dans sa Providence.

On fixa le nombre d'orphelines qui seraient reçues dans cette maison à cinquante. Elles devaient y être admises à l'âge de six ans et entretenues jusqu'à l'âge de quinze ou seize. La Providence les plaçait ensuite chez des maîtres jusqu'à l'âge de vingt-un ans. Ces jeunes filles, qui étaient soumises à la surveillance de la Providence, quoiqu'elles fûssent en service chez des maîtres, devaient recevoir une petite dot pour se marier ou se faire religieuses, selon leur vocation.

Les dons faits par les étrangers à M. le curé d'Ars furent toujours assez nombreux pour subvenir aux dépenses de l'établissement.

Il est en outre la ressource de pauvres vieillards qui y trouvaient leur nourriture.

Depuis plus de trente années que durait cette Providence, rien ne manquait à l'entretien des enfants qui y étaient reçus.

Après ce long laps de temps, la Providence d'Ars fut cédée à la maison des sœurs de Saint-Joseph, de Bourg, avec une fondation à perpétuité des sœurs de cet ordre pour faire la classe aux jeunes filles.

Avant cette cession M. Viannay allait prendre son modeste repas à la Providence, et se plaisait à manger au milieu de ses pauvres orphelines. Après son diner il adressait quelques paroles, afin de faire germer davantage la vertu qui croissait dans leur cœur. Bien souvent les personnes qui accompagnaient M. le curé à la Providence y entraient lorsqu'il était à faire un sermon à ses enfants. Bientôt le nombre des étrangers, qui augmentaient tous les jours, ne put être contenu dans la salle de la Providence, ce qui donna lieu à M. Viannay de faire son catéchisme à l'église afin que tout le monde en put profiter.

INSTRUCTIONS

OU

CATÉCHISME DE ONZE HEURES

Faits par M. le Curé d'Ars.

PREMIÈRE INSTRUCTION

SUR LE PÉCHÉ.

Mes chers enfants, le péché mortel, comme dit le catéchisme, est une désobéissance à la loi de Dieu et de l'église, en matière grave et avec un plein consentement.

Lorsque nous commettons le péché mortel, si nous pensions quel outrage il fait à Dieu et le tort qu'il fait à notre âme, il nous serait impossible de le commettre.

De l'outrage que le péché fait à Dieu. Voyez, mes enfants; par le péché mortel nous désobéissons à Dieu et nous résistons à ses volontés. Nous lui disons : Vous nous défendez de faire telle chose, eh bien! nous voulons la faire. Vous nous commandez de pratiquer telle vertu, eh bien! nous ne voulons rien faire de ce que vous nous dites.

Oh! mes enfants, qu'elle est grande, notre ingratitude envers un Dieu si bon, qui a versé jusqu'à la dernière goutte de son sang pour nous racheter de l'esclavage du démon, qui nous tenait dans ses chaînes depuis la désobéissance de nos premiers parents. Outrager sur la terre un homme qui a été bon pour nous est une ingratitude; mais outrager un Dieu qui nous a créés et qui ne nous a fait que du bien, est le comble de l'ingratitude.

Toutes les fois, mes enfants, que nous commettons le péché mortel, nous nous révoltons contre notre créateur. Quelle folie! une misérable créature, sujette à tant de misères et qui ne tient à la vie que par un fil, veut se révolter contre son Auteur, qui a bien voulu faire l'homme à son image et à sa ressemblance, et lui donner une âme douée d'intelligence, qui le distingue de l'animal, qui lui donne les sciences et le génie pour construire toutes ces merveilles que nous voyons maintenant, une âme pour servir et aimer son créateur et observer ses commandements. Vous voyez, mes enfants, quelle est notre folie lorsque nous offensons le bon Dieu. Si par hasard, en passant près d'une fourmi, ce petit insecte, se dirigeant vers nous, nous attaquait, afin d'arrêter notre marche, nous nous moquerions de sa hardiesse et nous ririons de sa révolte. Eh bien!

mes enfants, la différence entre Dieu et l'homme est infiniment plus grande que celle d'une fourmi à l'homme. Par conséquent, lorsque nous nous révoltons contre notre créateur, notre hardiesse est encore plus présomptueuse que celle d'une fourmi qui voudrait arrêter un homme. Le bon Dieu ne peut s'empêcher d'éprouver de la pitié en voyant l'orgueil de sa créature.

Du tort que le péché fait à l'âme. Le péché mortel change notre âme et la rend semblable au démon. Vous voyez, mes enfants, le changement qui s'opère dans l'âme du juste qui tombe dans le péché mortel. Avant sa désobéissance, cette âme était brillante comme l'or, belle et pure comme une colombe; le Saint-Esprit se plaisait à en faire sa demeure. Mais aussitôt que le péché est entré dans cette âme, le Saint-Esprit se retire de ce cœur qui ne lui appartient plus, et qui est devenu la proie du démon. Ce cœur si pur et si brillant avant le péché, devient laid et horrible aux yeux de Dieu, car le démon en fait son trône.

Mes enfants, une fois que nous sommes dans le péché mortel, le Saint-Esprit nous abandonne; les bonnes inspirations que le bon Dieu nous donnait, sont étouffées par le démon qui est dans notre cœur, et nous n'écoutons plus que nos passions. Nous restons sourds aux cris de notre conscience, lorsqu'elle n'est pas entièrement étouffée; nous persévérons dans le péché mortel. Alors la mort arrive, et nous allons directement en enfer.

O mes enfants! si nous réfléchissions bien avant de commettre le péché, si nous pensions au tort qu'il fait à notre âme, à l'injure qu'il fait à Dieu, jamais nous ne succomberions à la tentation, nous ferions plus d'efforts pour faire le bien, et nous serions plus vigilants à détourner de notre cœur les mauvaises pensées qui nous font tomber dans le mal.

C'est cette pensée, mes enfants, qui donnait du courage aux Saints pour supporter tous les supplices qu'on leur faisait endurer, afin de pouvoir, par les souffrances, les faire tomber dans l'idolâtrie. Malgré les tortures qu'on leur faisait subir pour les faire changer de religion, les Saints étaient toujours fermes dans leur croyance, rien ne pouvait ébranler leur foi. La pensée que bientôt leurs maux finiraient les soutenait contre les souffrances que le démon leur suscitait.

Si nous avions bien la foi, mes enfants, nous résisterions aux tentations du démon, comme les Saints résistaient aux tourments des bourreaux. C'est la foi qui faisait dire à saint Laurent sur son gril : « Maintenant que je suis assez cuit de ce côté, tournez-moi de l'autre. »

Mes enfants, nous qui avons eu le bonheur de naître dans un pays catholique, où la religion est libre; si nous ne pratiquons pas notre religion, quelle sera notre confusion au jugement de Dieu, lorsque nous verrons le peu d'efforts que nous aurons fait pour nous convertir. A l'exemple des Saints, combattons nos mauvais penchants, résistons aux persécutions des méchants, si nous voulons aller au ciel.

DEUXIÈME INSTRUCTION.

DES TENTATIONS.

Voyez, mes enfants, depuis notre âge de raison jusqu'à notre mort, nous sommes continuellement à combattre nos mauvais penchants et à résister aux tentations du démon, comme dit saint Augustin, le démon comme un lion rugissant prêt à nous dévorer.

Le cœur de l'homme, depuis la chute de nos premiers parents, est enclin au mal, et est toujours porté à faire ce que le bon Dieu défend.

Le démon, jaloux du bonheur d'Adam et d'Ève, résolut de le leur faire perdre en les faisant désobéir à leur créateur, tous les avantages qu'ils possédaient avant leur chute, et malheureusement il a réussi dans son dessein.

Le démon, mes enfants, ne s'est pas contenté de perdre nos premiers parents; il veut encore conduire en enfer tous leurs descendants. C'est pour cela qu'il fait tant d'efforts pour nous faire tomber dans le péché mortel. Lorsque nous sommes accablés par les tentations, mes enfants, il ne faut pas nous laisser aller au découragement; il faut nous armer de force, appeler notre bonne Mère à notre secours. Si par malheur nous succombons, il faut de suite nous relever par une bonne confession et ne pas laisser le péché une minute dans notre cœur, autrement le démon prendrait plus de puissance sur nous, et alors il serait impossible de résister à ses tentations.

Vous voyez, mes enfants, combien le bon Dieu a eu de miséricorde pour nos premiers parents, après leur désobéissance. Les démons, aussitôt qu'ils eurent péché, furent précipités dans l'enfer. Eh bien! le bon Dieu n'a pas agi de la même manière avec les hommes. Dieu, voyant tous les hommes sous l'esclavage du démon, eut pitié de leur misère; alors il envoya sur la terre son fils unique, pour nous racheter et nous donner les grâces nécessaires pour ne pas succomber à la tentation. Si par malheur nous succombons, Jésus-Christ a institué le sacrement de pénitence, qui est la planche de salut après le naufrage.

Remercions donc le bon Dieu, mes enfants, de nous avoir épargnés et de ne nous avoir pas traités comme les mauvais anges.

La tentation est un moyen pour gagner le ciel. En effet, mes enfants, le peu de temps que nous restons sur la terre, si nous n'éprouvions aucune tentation, quel mérite aurions-nous de faire le bien?

Si le bon Dieu a permis que les hommes fussent tentés, il a voulu par là s'assurer de l'amour que les hommes ont pour leur créateur.

C'est pour cette raison qu'il nous a créés libres de nos actions sur la terre, se réservant sa justice dans l'autre monde.

Si le démon fait tous ses efforts pour nous porter au mal, le bon Dieu, de son côté, nous donne la force de le combattre; il nous donne ses grâces par les sacrements qu'il a établis, les remords de notre conscience pour nous faire relever lorsque nous tombons.

Si nous avons continuellement des démons autour de nous pour nous tenter, nous avons aussi notre bon ange gardien, qui les combat et nous aide à résister à leurs mauvaises inspirations.

Mes enfants, les Saints qui sont dans le ciel ont eu les mêmes tentations que nous; eh bien! imitons leurs exemples, efforçons-nous de surmonter nos mauvaises passions; mortifions notre corps, nos sens; en un mot, employons tout pour notre sanctification.

De nous-mêmes, mes enfants, nous ne pouvons rien. Appelons le secours de Jésus-Christ; implorons l'assistance de la très-sainte Vierge, et nous terrasserons le démon et le mettrons en fuite.

Autant de victoires nous remporterons sur le démon, autant de pierreries resplendissantes orneront notre couronne dans le ciel.

Voyez, mes enfants, combien saint Antoine fut tenté, malgré qu'il se fût caché dans un vieux sépulcre, loin des mauvais exemples; le démon allait toujours le troubler au milieu de sa solitude.

Le grand saint comprenait le mérite qu'on

acquiert pour le ciel, lorsque l'on est victorieux du démon. Aussi, lui disait-il, lorsqu'il venait le tenter dans sa prière et ses méditations : Tu ne seras pas capable de me séparer d'avec Jésus-Christ.

C'est par les prières et les mortifications que nous viendrons à bout de combattre les tentations du démon ; alors nous observerons les lois de Dieu et de l'église, et nous serons sûrs d'aller au ciel recevoir la récompense de nos combats et de nos victoires.

TROISIÈME INSTRUCTION.

SUR LA NÉCESSITÉ DE FAIRE NOTRE SALUT.

Nous avons été placés sur la terre, mes enfants, afin que nous employions les quelques années que le bon Dieu nous accorde à faire notre salut.

Le bon Dieu nous a créés et mis au monde pour le servir, l'aimer, afin de recevoir un jour la récompense promise aux élus.

Aimons-le donc, et remplissons le but pour lequel il nous a mis sur la terre.

Pourquoi, mes enfants, accomplissons-nous nos devoirs de religion avec dégoût? C'est parce que nous n'aimons pas le bon Dieu; si nous l'aimions parfaitement, nous accomplirions ses commandements.

Certains chrétiens disent : « Il y a trop de peine pour se sauver. » Mes enfants, si nous pensions à la récompense qui nous attend dans le ciel, rien ne pourrait mettre obstacle à notre salut.

Que de peines nous nous donnons à ramasser des richesses qu'il faut laisser à notre mort! Nous sommes des insensés, lorsque nous employons le peu de temps que Dieu nous donne, à gagner un peu de l'or, au lieu de chercher à gagner le séjour des bienheureux. Le bon Dieu n'a-t-il pas dit : que le chemin du ciel est étroit, et qu'il faut se faire violence pour y aller?

Voyez, mes enfants, à cause de la désobéissance de nos premiers parents, nous venons tous au monde avec un cœur enclin au mal, nous devons donc travailler à extirper de notre cœur ces mauvais penchants, comme un jardinier s'efforce à sortir d'un champ la mauvaise herbe qui y croît. Si ce jardinier négligeait d'arracher les mauvaises herbes de son jardin, bientôt elles prendraient racine, et il éprouverait bien plus de peine à les extirper que s'il l'eût fait lorsqu'elles étaient naissantes. Eh bien! mes enfants notre âme est un jardin sans culture, nous en sommes les jardiniers, et c'est pour cultiver cette âme, détruire ses défauts et ses imperfections, que le bon Dieu nous a placés sur la terre.

Un jour, un saint anachorète se trouvait dans une forêt avec son compagnon, il lui montra quatre cyprès à arracher les uns après les autres; le jeune homme, qui ne savait pas trop pourquoi le saint lui commandait cela, prit le premier arbre, qui était tout petit, et l'arracha d'une seule main sans peine; le second, qui était déjà un peu plus gros, nécessita un peu plus d'efforts; cependant il l'arracha encore d'une main; le troisième, plus grand, lui offrit tant de résistance, qu'il fallut mettre les deux mains et employer toutes ses forces; le quatrième, qui était un arbre, avait de si profondes racines, qu'il s'épuisa en de vains efforts. Sur cette comparaison, ce saint voulut nous montrer qu'il est facile de corriger nos passions lorsqu'elles sont naissantes; mais une fois enracinées dans notre cœur, il est impossible de les détruire, et il faut presque un miracle pour les en arracher.

Imitons l'exemple de ce grand Saint, et nous viendrons à bout de combattre nos mauvais penchants; ne faisons pas comme certains chrétiens qui renvoient toujours l'affaire de leur salut.

Si par malheur nous venons à perdre la grâce de Dieu, courons vite au tribunal de la pénitence retrouver les amitiés du bon Dieu, qui est notre soutien dans le danger.

QUATRIÈME INSTRUCTION.

SUR LA MORT.

La pensée de la mort, mes enfants, nous empêcherait de commettre bien des péchés, si elle était toujours gravée dans notre esprit.

Sachant qu'un seul péché mortel suffit pour aller en enfer, si nous mourons sans nous en repentir, quel est celui d'entre nous qui oserait commettre le péché, s'il réfléchissait bien sur cette grande vérité.

Le démon comprend bien que si les chrétiens pensaient souvent à la mort, il ne pourrait les faire tomber dans le mal. Voilà pourquoi il cherche à ôter cette pensée de notre esprit, et s'il ne peut la détruire entièrement, il emploie un autre moyen et nous la fait voir comme très-éloignée, afin que nous n'en soyons pas épouvantés.

Lorsque nous sommes morts, mes enfants, notre âme va paraître devant Dieu pour être jugée, c'est alors qu'il est consolant pour l'âme qui a combattu ses passions pendant le cours de sa vie, qui a rempli le but pour lequel nous Dieu l'a placée sur la terre, de voir le terme de ses souffrances arrivé. Cette âme qui a tant souffert de persécutions sur la terre de la part du démon ou des mauvais chrétiens, va recevoir la récompense de ses vertus.

Si nous pensions à la mort, mes enfants, comment préférerions-nous la créature au créateur, le démon au bon Dieu? Comment pourrions-nous donner tant de plaisirs à notre corps, qui va bientôt être en pourriture, et devenir la pâture des vers, pour négliger notre âme, qui est immortelle ?

En effet, mes enfants, si nous réfléchissions bien qu'un jour il faudra quitter nos parents, nos amis, les personnes qui auront été nos idoles ici-bas, jamais nous ne pourrions attacher notre cœur aux choses de la terre et oublier le bon Dieu, qui sera notre seul juge à notre mort.

Les créatures que nous aurons préférées à Dieu viendront-elles nous justifier au Tribunal de Dieu? Non, mes enfants; nous serons abandonnés de nos amis, et nous nous trouverons seul devant notre juge suprême.

Nous avons tous les jours des sujets capables de nous faire penser à la mort; nous voyons continuellement des parents, des amis, des voisins que la mort vient enlever, les uns à un âge mûr, les autres à la fleur de la jeunesse. Rien ne peut graver cette grande vérité de la mort dans notre cœur, tellement le démon nous aveugle.

Nous passons, mes enfants, les années que le bon Dieu nous accorde dans l'indifférence, sans nous inquiéter du motif pour lequel nsus sommes placés sur la terre. La mort arrive, c'est alors que nous y voyons clair; mais il est trop tard, la miséricorde de Dieu est épuisée, et nous allons brûler dans l'enfer pendant une éternité!

Voyez, mes enfants, nous pourrons dire au moment de notre mort, comme un grand homme qui s'était rendu célèbre par ses sciences et le rang qu'il occupait dans le monde. Cet homme n'avait rêvé qu'aux plaisirs de la terre et aux grandeurs de cette vie, sans s'occuper de l'éternité. Au moment de la mort, il jeta un coup-d'œil sur sa vie; il vit les tourments qu'il s'était donnés pour se procurer des honneurs dans le monde, et sa négligence à faire son salut. Cette réflexion lui inspira les paroles qu'il fit graver lui-même sur son tombeau, et que voici : « Ci-gît l'insensé qui a quitté la terre sans savoir pourquoi il y avait été placé. »

Puisque nous sommes encore sur la terre, réparons le temps perdu en passant dans la pénitence les quelques jours que le bon Dieu voudra bien nous accorder. Combattons, mes enfants, afin d'être prêts lorsque Dieu nous appellera pour nous juger.

Les Saints qui avaient vécu dans la prière, la mortification, qui avaient fait souffrir leur corps pendant tous les jours de leur vie, tremblaient à l'approche de leur mort.

Nous qui faisons continuellement le mal, qui ne voulons rien sacrifier pour faire le bien, quelle devra être notre appréhension, lorsqu'il nous faudra paraître devant Dieu pour être jugés.

Si nous voulons bien mourir, mes enfants, il faut bien vivre, et nous vivrons bien lorsque nous ferons tous les soirs un examen de conscience. Par ce retour sur nous-mêmes, nous verrons nos manquements, et il nous sera plus facile de les corriger. Alors, quand la mort viendra, nous serons prêts, et nous irons directement en paradis.

CINQUIÈME INSTRUCTION.

DE L'ORGUEIL.

L'orgueil, comme il est dit dans le catéchisme, est un sentiment injuste de nous-même, qui nous fait nous élever au-dessus des autres et nous porte à mépriser notre prochain.

Le péché d'orgueil est placé à la tête des péchés capitaux, pour nous faire voir qu'il est la source de tous les autres. L'orgueil, mes enfants, c'est le péché que bon Dieu a le plus en horreur.

Lorsque nous péchons par orgueil, nous voulons nous élever au-dessus de notre créateur, nous disons au bon Dieu que nous sommes indépendants de toutes choses, et que nous n'avons pas besoin de son secours.

C'est l'orgueil, mes enfants, qui précipita les mauvais anges dans l'enfer, et c'est par l'orgueil que le démon perd tant d'âmes. L'orgueilleux, mes enfants, s'occupe continuellement des choses qui peuvent satisfaire son amour-propre. Il néglige les devoirs de son salut pour ne s'occuper que des grandeurs de ce monde. L'orgueilleux feint toujours de se mépriser, afin d'être loué, et emploie toutes sortes de ruses pour chercher à élever son misérable néant. Si nous considérions bien ce que nous sommes, mes enfants, nous n'aurions jamais aucune pensée d'orgueil. Quelle folie de nous glorifier des qualités que le bon Dieu nous a données et qu'il peut nous ôter quand il lui plaira. Puisque le bon Dieu nous a donné la santé, ou autres bienfaits préférablement à tant d'autres personnes, pourquoi nous en glorifier? Qu'avons-nous fait au bon Dieu de plus que les autres, pour qu'il daigne nous accorder ses faveurs?

Nous sommes donc des misérables, lorsque nous nous servons de ses bienfaits pour l'offenser. Nous devons travailler tous les jours à déraciner de notre cœur cet amour de nous-mêmes qui nous fait tomber dans bien d'autres fautes.

L'orgueil, mes enfants, nous porte à l'avarice. L'orgueilleux envie continuellement les richesses de ce monde; il emploie tous les moyens justes ou injustes pour acquérir des biens et figurer dans le monde.

L'orgueil nous fait pécher par luxure; car le bon Dieu a dit qu'il permettra que les orgueilleux tombent dans des fautes honteuses et humiliantes. L'orgueil nous entraîne à l'envie désordonnée des biens de la terre. L'orgueilleux est jaloux lorsqu'il voit son prochain posséder plus de biens, avoir plus d'honneurs que lui. Alors il cherche à le décrier pour lui faire perdre ses biens, sa réputation et son honneur, afin d'anéantir les qualités qui portaient ombrage à son orgueil.

L'orgueil nous conduit encore à la colère. Dès que notre amour-propre est froissé, nous nous emportons et nous ne pardonnons rien. Si une personne a la charité de nous reprendre de nos manquements, de suite notre orgueil vient nous dire que nous sommes bien plus parfaits que la personne qui nous réprimande, et nous continuons à marcher dans le mal.

Pourquoi, mes enfants, nous glorifier de notre beauté? n'est-elle pas une fleur qui vient d'éclore et que le soleil sèche bientôt, comme l'herbe qui fleurit maintenant et qui tout-à-l'heure sera abattue par la faulx.

Pourquoi admirer l'état de notre santé? Aujourd'hui nous sommes pleins de force et de vie, et demain peut-être la mort viendra nous moissonner comme vous moissonnez vos blés.

Si nous réfléchissions bien, mes enfants, comme les grandeurs de ce monde passent vite, nous ne pourrions jamais y attacher notre cœur. L'éclat de ce monde, la jeunesse, les honneurs, les richesses, tout cela passe comme la fleur du foin et celle des blés.

Pensons, mes enfants, que notre corps, dont nous nous glorifions tant, sera réduit en poussière et jeté au feu, comme un fagot de bois sec, si nous ne craignons pas le bon Dieu. Les bons chrétiens, mes enfants, savent bien ces vérités, aussi méprisent-ils leur corps et toutes les choses d'ici bas pour ne s'attacher qu'au bon Dieu, qui seul doit faire leur bonheur dans le ciel.

Comment pouvons nous être orgueilleux, mes enfants, après les exemples d'humilité que le bon Dieu nous a donné sur la terre. J-C a voulu descendre sur la terre, et prendre un corps sujet aux mêmes souffrances que nous, quoiqu'il fut le roi des rois, le souverain des souverains. Il a voulu naître pauvre dans une crèche, sur un peu de paille pour nous donner l'exemple de l'humilité. Il est mort sur un gibet comme un criminel, entre deux voleurs. Il a voulu encore nous donner une autre preuve de sa bonté et de son humilité en instituant un sacrement où, sous le voile eucharistique, il se communique à nous et vient dans un cœur qui l'a si souvent outragé et qui a été la demeure du démon. C'est dans ce sacrement qu'il subit les humiliations les plus extraordinaires. Un Dieu, maître du ciel et de la terre qui, caché sous la figure d'un morceau de pain, est continuellement disposé à devenir la nourriture de notre âme. Quel exemple d'humilité nous avons tous les jours devant les yeux dans cet auguste sacrement.

Si les Saints étaient si humble c'est qu'ils savaient mettre en pratique les leçons de notre divin maître; ils ont faits des efforts pour imiter les souffrances du sauveur et arracher de leur cœur l'orgueil qui s'y trouve en venant au monde, de crainte d'être un jour condamné aux supplices de l'enfer pour toute l'éternité.

A l'exemple de Jésus-Christ et des saints, supportons avec un esprit de pénitence les humiliations auxquelles nous sommes assujettis; si nous avons quelques qualités, au lieu de nous glorifier, remercions en Dieu afin de mourir en état de grâce, et d'aller rejoindre les Saints dans le ciel.

SIXIÈME INSTRUCTION.

DE L'AVARICE.

L'avarice est un amour déréglé des biens de la terre qui fait qu'on néglige son salut pour ne s'occuper que d'eux. C'est par l'avarice que le démon entraîne un grand nombre d'âmes dans l'enfer.

Voyez, mes enfants, un avare, il se fait un Dieu des biens de la terre, il oublie le vrai Dieu, néglige la prière, les sacrements, et ne pense qu'à amasser des richesses, comme s'il devait toujours les posséder. Il oublie son créateur, son juge suprême, pour satisfaire sa passion.

O mes enfants! que l'avarice fait de mal dans une âme, l'avare est comme un pourceau qui mange des glands sans lever la tête pour savoir d'où ils sortent, il ne pense qu'aux moyens qu'il va employer pour satisfaire son ambition.

L'avare vole, fraude, intente des procès à son prochain, et ne respecte pas même les lois de Dieu. Il travaille les dimanches et les fêtes et tout est bon à ses mains avides.

L'avare, avec toutes ses richesses, est le plus à plaindre des hommes ; au milieu de ses trésors, il est toujours dans l'inquiétude; il amasse ses biens avec avidité, et les conserve avec agitation, et s'afflige s'il vient à les perdre. L'avare a tellement peur de toucher ses trésors, qu'au milieu d'un fleuve il meurt de soif, couché sur du blé il meurt de faim. Son or est pour lui un Dieu qu'il adore.

Les bons chrétiens, mes enfants, ne pensent pas aux richesses de la terre, ils savent qu'elles sont périssables, et travaillent continuellement à gagner celles du ciel qui ne finissent jamais. Au lieu de tant prendre de précautions pour nourrir leur corps qui doit être un jour réduit en poussière, ils ne s'occupent que de leur âme qui est immortelle.

Voyez, mes enfants, combien sont heureux les chrétiens qui ne désirent que les biens du ciel, comme ils prient avec ardeur, comme ils se sanctifient dans la vertu, comme ils cherchent à remplir les devoirs du bon chrétien; les jours, les mois, les années ne sont rien pour eux. Ils passent leur vie en aimant le bon Dieu, les yeux fixés sur l'éternité.

O mes enfants, que nous sommes insensés, de ne nous occuper que des biens périssables, et de négliger ceux qui ne finissent jamais.

Nous ressemblons aux persones, qui pendant la belle saison, ne ramassent que des fruits qui ne se conservent pas. Après, l'hiver, qne leur reste-t-il? rien. De même, mes enfants, si nous nous occupons à ramasser des biens périssables, si nous négligeons ceux du ciel, nous perdons entièrement notre temps, et à la mort, il ne nous restera que des regrets. On quitte avec peine, l'or et l'argent qui ont été nos dieux sur la terre, et l'on a le désespoir de n'avoir rien fait pour le ciel.

Nous devons soigner les biens que la divine Providence a bien voulu nous donner, mais ne pas y attacher notre cœur de peur d'oublier le bon Dieu, et de mourir dans le péché mortel,

Travaillons tous les jours, mes enfans, à gagner le ciel. A quoi nous serviron les richesses que nous aurons amassées dans cette vie, si à notre mort nous n'avons rien fait pour l'autre. Quel malheur, mes enfants, si après avoir bien éprouvé des peines, pendant les quelques années de notre existence, nous nous trouvons condamnés aux peines de l'enfer pendant une éternité. J'espère que vous éviterez ce terrible écueil.

SEPTIÈME INSTRUCTION.

DE LA LUXURE.

La luxure est l'amour des plaisirs contraires à la chasteté. Ce péché, mes enfants, est le plus difficile à corriger lorsqu'on a eu le malheur de le commettre.

Ce péché gâte le cœur, tue l'âme et nous éloigne de Dieu.

L'impudique ressemble à des pourceaux qui se roulent dans la fange; il s'enfonce tous les jours dans le bourbier de la corruption, de manière à ne plus pouvoir en sortir. Alors il perd la foi et rit des vérités de la religion; il ne craint ni le bon Dieu, ni l'enfer et ne rêve qu'aux plaisirs de la terre.

O mes enfants ! que ce péché est dangereux pour celui qui s'en fait une habitude. Cette âme, créée à l'image de Dieu, douée d'une intelligence qui lui fait connaître son créateur, son maître suprême, devient par le péché d'impureté, semblable aux animaux.

Nous vivons sans penser à Dieu, sans accomplir le but pour lequel Dieu nous y a placés.

Nous nous occupons à soigner notre corps comme s'il ne devait jamais mourir; nous lui accordons tous les plaisirs, justes ou criminels, et nous ne faisons rien pour notre âme qui est immortelle.

C'est le péché d'impureté que le bon

Dieu a le plus en horreur. Jésus-Christ, pendant les années qu'il a passées sur la terre, a supporté des disciples orgueilleux, ambitieux, avares, mais il n'a jamais pu souffrir un impudique. Notre divin maître a souffert celui qui devait le trahir, mais jamais celui qui aurait été souillé du péché d'impureté.

Voyez, mes enfants, le ravage que ce péché fait dans notre âme ; il la rend sourde aux vérités éternelles, la mort, le jugement, le paradis, l'enfer, rien ne l'épouvante, rien ne peut émouvoir cette âme qui s'endurcit dans le mal.

L'impureté étouffe les remords de la conscience, elle fait oublier le bon Dieu et ôte la pensée des souffrances auxquelles l'impudique sera condamné s'il meurt avant de s'être corrigé de ses mauvaises habitudes. L'impudique est odieux à tout le monde ; il est tellement aveuglé par cette mauvaise passion, qu'il est insensible à tous les reproches qu'on lui fait. Il commet ce péche sans rougir, tellement il est abruti ; c'est en vain qu'on lui parle d'honneur, de vertu, il est sourd à leur voix,

Aussi, mes enfants, de tous les péchés, c'est celui d'impureté dont il est le plus difficile de se corriger ; une âme endurcie par cette passion ne se corige que par miracle ; le démon qui lui a fait faire des actions d'impureté pendant sa jeunesse, lui inspire de mauvaises pensées, de mauvais désirs pendant sa vieillesse. Cette âme, plongée dans le vice de la corruption, ne pourra se sortir de ce bourbier et restera dans le péché jusqu'à la fin de ses jours.

Les deux infâmes vieillards qui attentèrent à la pureté de la chaste Suzanne, en sont une preuve ; ils avaient conservé jusque dans leur décrépitude toute la violence de leurs mauvaises passions.

Le démon, qui emploie toutes sortes de ruses pour retenir une âme dans ses chaînes, renouvelle les passions de l'impudique usé par la débauche, et lui fait goûter encore, ces plaisirs impurs, par de mauvais désirs et de mauvaises pensées.

Le pied sur la tombe, l'impudique ne respire que plaisirs, et meurt comme il a vécu, dans l'impénitence. Peut-on attendre à ce dernier moment, pour faire une bonne confession, une bonne communion; comment voulez-vous que cette âme, qui a été toute sa vie dans les chaînes du démon, puisse rompre tout-à-coup les liens qui l'entraînent au mal; Dieu ne pardonne pas à une âme, qui, ayant passé toute sa vie dons l'oubli de Dieu, attend au moment de sa mort pour le servir; telle vie, telle mort. Si on a mal vécu, la mort sera celle d'un réprouvé; si au contraire, nous avons combattu courageusement nos mauvais penchants, pendant les jours de notre vie, nous pourrons mourir en paix.

Puisque le péché d'impureté fait tant de

mal à notre âme, nous devons, mes enfans, travailler continuellement à l'éviter. Fuyons, mes enfants, tout ce qui pourrait nous faire tomber dans l'impureté ; fuyons les bals, les comédies, les mauvaises réunions, qui peuvent nous faire perdre notre innocence; chassons loin de nous la lecture des romans, dont le démon se sert pour nous perdre, comme il s'est servi de la forme d'un serpent pour perdre Eve. A l'exemple des Saints, faisons souffrir notre corps lorsqu'il voudrait se révolter, affaiblissons-le par la peine et la pénitence, afin d'en être maître.

Veillons sur nous-même, et lorsqu'il nous vient un mauvais désir, une mauvaise pensée, chassons-les vite de notre cœur.

Faisons comme une personne sur laquelle il tomberait un charbon ardent; de crainte d'en être brûlée, elle se hâterait de le rejetter bien loin d'elle. De même, mes enfants, chassons de notre cœur les mauvaises pensées, les mauvais désirs, qui nous feraient infailliblement tomber dans le péché d'impureté, si nous n'avons pas la précaution de les rejetter de notre cœur. En chassant de notre esprit tout ce qui peut nous faire perdre notre innocence, nous mourrons en paix et nous irons dans le ciel recevoir la récompense de nos combats et de nos victoires.

HUITIÈME INSTRUCTION.

DE LA GOURMANDISE.

La gourmandise est un amour déréglé du boire et du manger.

Par le péché de gourmandise, mes enfants, nous nous mettons au-dessous de l'animal. Le gourmand n'est jamais rassasié. Il voudrait boire et manger continuellement tout ce qui peut flatter son goût.

Oh, que ce vice est honteux et qu'il nous

dégrade! On ne peut pas concevoir, comment l'homme qui possède une âme faite à l'image de Dieu et douée d'intelligence, soit assez insensé pour se rendre malade, en donnant à son corps plus de nourriture qu'il n'en peut supporter. Lorsqu'un animal est dans un champ, quoi qu'il y ait bien de l'herbe et qu'elle soit à son goût, une fois son appétit satisfait, il se repose; et l'homme que Dieu a élevé bien au-dessus des animal en lui donnant la raison, se conduit très-souvent plus mal qu'eux dans le boire et le manger.

Est-ce que quand nous n'aimons que ce qui est bon, nous péchons par gourmandise? Non, mes enfants, nous sommes gourmands, lorsque nous prenons de la nourriture avec excès, plus qu'il n'en faut pour soutenir notre corps; quand nous buvons plus qu'il n'est nécessaire, jusqu'à perdre l'usage de l'esprit et de la raison.

O mes enfants! que nous sommes ingrats,

lorsque nous nous servons des biens du bon Dieu pour l'offenser ; nous ressemblons à un homme qui, ayant reçu une bourse d'or et d'argent s'en servirait contre son bienfaiteur.

L'homme est insensé de faire un Dieu de son ventre et de ne vivre que pour manger. On ne pense pas, mes enfants, à remercier le bon Dieu de la nourriture qu'il veut bien nous donner. Nous consacrons le peu de temps que nous passons sur la terre, à satisfaire notre corps, et nous ne faisons rien pour notre âme; nous nous occupons de choses passagères, et nous négligeons celles qui sont éternelles.

Si nous réfléchissions bien, mes enfants, au mal que la gourmandise fait à notre corps, et surtout à notre âme, jamais nous ne nous laisserions aller à ce vice honteux.

Combien de fois avons-nous entendu dire : un tel vient de mourir, pour avoir trop mangé ou trop bu. Le mal que la gourmandise fait à notre âme. est infiniment plus grand que celui qu'il cause à notre corps.

Notre âme une fois morte dans la grâce, si elle ne ressuscite pas par une bonne confession, si elle va paraître devant Dieu en état de péché mortel, cette âme va directement en enfer, expier pendant une éternité les plaisirs que vous trouvez dans le boire et le manger.

Dans l'enfer, mes enfants, le gourmand souffre de la faim et de la soif; c'est alors qu'il voit la folie qu'il a eue sur la terre, d'avoir trop soigné le corps et négligé l'âme. A l'exemple du mauvais riche, dont il est parlé dans l'évangile, les gourmands qui auront rebuté les pauvres sur la terre, les auront laissés mourir de faim, tandis qu'eux faisaient excès dans le boire et le manger, iront demander à Lazare, c'est-à-dire aux pauvres, qui ayant supporté leurs privations en esprit de pénitence, seront morts en état de grâce, une goutte d'eau, pour appaiser leur soif, irritée par les horribles tourments de l'enfer; ce petit adoucissement leur sera refusé. Dieu traitera les gourmands, qui auront mal employé les biens qu'il leur avait donnés pour soulager les pauvres, de la manière qu'ils auront traité les pauvres sur la terre.

Réfléchissons, mes enfants, aux terribles paroles, sortant de la bouche d'un Dieu. Ni les gourmands, ni les avares, n'entreront jamais dans le royaume des cieux; si nous pensions quelquefois à cette sentence, nous ne tomberions jamais dans le péché de gourmandise.

Que les suites de la gourmandise sont funestes à notre salut! Le démon profite, lorsqu'une personne est ivre et que son esprit est noyé dans les liqueurs, pour la faire tomber dans d'autres péchés, et surtout dans celui d'impureté, qui est la suite de la gourmandise.

La gourmandise porte à voler son prochain ; en effet, celui qui est gourmand et qui n'a pas de quoi contenter ses désirs, est obligé de s'emparer du bien d'autrui pour pouvoir satisfaire ses passions.

Voyez, mes enfants, combien les saints étaient sobres dans le boire et le manger. Ils ne donnaient à leur corps, qu'une légère nourriture, assez pour ne pas se laisser succomber par un jeûne trop sévère. On a vu des saints verser des larmes, lorsqu'ils étaient obligés de manger ; ils auraient préféré consacrer ce temps à la prière. Si le bon Dieu ne nous a pas appelés au même degré de sainteté que ces saints anachorètes, qui ne vivaient que de racines, au moins veut-il que nous soyons sobres dans le boire et le manger, afin de ne pas aller brûler pendant une éternité, pour les vaines jouissances que l'intempérance aura procurées à notre corps.

NEUVIÈME INSTRUCTION.

DE L'ENVIE.

Voyez, mes enfants, l'envie est la tritesse que l'homme ressent des avantages de son prochain, ou une satisfaction qu'il éprouve du malheur des autres, parce qu'il considére ces avantages du prochain comme quelque choses de contraire et nuisible à son intérêt, et les malheurs d'autrui comme un bien pour lui-même.

L'envie, mes enfants, est un péché qui donne la mort à l'âme. C'est un vice antichrétien et inhumain. Il place l'homme dans un état de perpétuelle opposition à la volonté de Dieu ; il rend l'homme dur, insensible, et incapable d'aimer désormais le prochain, et de s'aimer lui-même.

L'homme envieux s'oppose à la volonté du bon Dieu ; il ne veut pas de l'ordre que la divine Providence a établi dans le monde. Jalouser le bonheur d'autrui, y trouver à redire, s'en indigner, s'en chagriner, n'est-ce pas s'attaquer à Dieu même, blâmer ses desseins, insulter à sa sagesse, et, en quelque sorte, l'accuser de partialité et d'injustice dans la distribution qu'il fait des biens de ce monde ?

L'homme envieux ne peut donc pas aimer

le prochain; ni s'aimer lui-même? Non ; car il entretient dans son cœur une passion de nature malfaisante qui l'amaigrit et l'use. Nuit et jour, la vue et le souvenir de la prospérité et du bonheur d'autrui le poursuivent, le martyrisent et rongent son cœur. Il n'aime pas, car il ôte à son âme son plus bel ornement; il la dépouille de tout sentiment de bonté, de bienveillance, il se prive de l'amitié de Dieu, il repousse la grâce; et, en même temps, il se rend indigne de l'estime et de l'amour des autres hommes. L'envieux est donc à lui-même son propre bourreau.

Voyez, mes enfants, l'homme envieux se sert des insinuations les plus odieuses; la calomnie découle rapidement de ses lèvres et va noircir celui que Dieu bénit et favorise. Une personne jouit de la confiance du public, et son commerce est florissant : n'écoutez pas son voisin, il est envieux et il cherche, par ses paroles, malveillante, à jeter en vous des soupçons injustes : il vous parlera de tromperies dans les poids et mesures, de falsifications dans la nature des choses que vous achetez ordinairement; mais ne l'écoutez pas mes enfants ; une autre personne, active, vigilante et laborieuse, aidée de la protection de Dieu, réussit dans ses entreprises et marche à grands pas dans la voie de la fortune. Prenez garde à ce que dit l'envieux qui la jalouse. Il voudrait, dit-il, connaître les moyens que cette personne se permet d'employer pour avancer si rapidement; il faut se défier des fortunes qui s'élèvent en si peu de jours. Un homme vient d'être appelé à un poste honorable et revêtu d'une charge très-importante. L'envieux le dépouille de toutes les qualités de l'esprit et du cœur, le ridiculise et le livre au mépris comme une tête sans intelligence ou un mauvais cœur. Une belle et noble action a été faite, tout le monde y applaudit ; mais ces éloges font mal au cœur de l'envieux. Il ne peut nier le fait, il ira chercher un caractère vicieux dans l'intention. Dans cette œuvre si belle, si louable, il ne trouve, lui, qu'amour-propre, hypocrisie, ambition, désir de faire parler de soi, ou d'autres mobiles plus ignobles encore.

Voilà, mes enfants, comment l'envieux s'en va répandre l'ivraie de la médisance et de la calomnie parmi le bon grain semé dans le champ du père de famille; et s'arrêtera-t-il là? Souvent ils sont cruels, affreux, horribles, les projets et les desseins de l'envieux, et, pour les accomplir, il ne recule devant aucun moyen, quelque criminel qu'il puisse être; il emploie la violence et l'astuce, le larcin et la rapine, et l'injustice remplit ses mains. Pour assouvir sa détestable passion, aura-t-il au moins peur du sang? Hélas non! car l'histoire est pleine des crimes que l'envie a produits, elle nous en rapporte qui font frémir. C'est l'envie qui arma le bras de Caïn contre son frère; c'est l'envie qui descendit Joseph dans la citerne où il devait mourir, et s'associa l'avarice pour le vendre en esclavage. Enfin c'est de l'envie qu'est sorti le plus affreux des crimes, la mort du Fils de Dieu. Oui, c'est avec raison que saint Cyprien nomme l'envie la source de tous les maux, l'origine des meurtres et d'une infinité de crimes. C'est pourquoi l'envie donne au regard de ceux qu'elle possède un caractère sinistre, touchant effet de la prévoyance divine, qui avertit par ce moyen qu'on doit les éviter.

Vous pouvez, mes enfants, ambitionner de l'aisance si vous êtes pauvre, cela est raisonnable; mais alors travaillez pour en acquérir, au lieu d'envier la possession des biens que d'autres ont acquis par le travail. Si le bon Dieu veut vous retenir dans la médiocrité, souvenez-vous que l'Esprit-Saint nous avertit que c'est là qu'il est le plus facile de faire son salut. Sachez donc, mes enfants, vous contenter de ce que vous possédez des biens de ce monde, que vous abandonnerez au moment de la mort, et enrichissez-vous, des biens qui doivent vous suivre dans l'éternité : c'est-à-dire, soyez justes et bons, pieux, charitables, aimant Dieu et votre prochain ; soyez patients dans les peines, bienfaisant dans la prospérité, en tout état et en toute condition, selon vos moyens : voilà les vrais biens, les seules richesses au moyen desquelles vous achèterez une place dans le Paradis.

DIXIÈME INSTRUCTION.

DE LA COLÈRE.

J'ai à vous parler aujourd'hui, mes enfants, d'un vice très-commun, que l'on voudrait généralement faire servir d'excuse aux péchés que l'on commet, et que je regarde comme très-grave, précisément parcequ'il est la source de beaucoup d'autres péchés, et c'est pourquoi ce vice, qu'on appelle la colère, est au nombre des sept péchés capitaux.

La colère, mes enfants, est une émotion déréglée qui fait que nous repoussons avec beaucoup de violence ce qui nous déplaît. La colère est le plus souvent l'effet d'une passion qui damne le cœur et qui se trouve en face de quelque obstacle. L'orgueilleux s'emporte contre ce qui blesse sa vanité ou son ambition; l'avare s'irrite quand quelque chose dérange ses projets de fortune; le voluptueux s'indigne lorsqu'on traverse ses plaisirs. Cette colère n'est pas selon le bon Dieu ; au contraire, il la condamne. Il veut que nous qui avons le bonheur d'être appelés et d'être en effet ses enfants, nous pratiquions la charité les uns envers les autres, et que nous nous regardions comme des frères.

C'est pour cela, mes enfants, que l'Apôtre

nous dit : *Supportez-vous les uns les autres, et vous accomplirez la loi de Dieu.* Chrétiens, nous sommes disciples du Dieu Sauveur, et nous devons tous marcher sur ses traces. *Je suis venu*, dit-il, *afin que vous eussiez un modèle. Je vous ai donné l'exemple, afin que vous m'imitiez et que vous fassiez ce que j'ai fait le premier. Apprenez donc de moi que je suis doux et humble de cœur.*

Voyez, mes enfants, celui qui s'abandonne à la colère et qui ouvre son cœur à l'esprit de vengeance, fait le contraire de ce que Dieu lui commande, recule, refuse de suivre son divin Sauveur, et méprise les avertissements et les exhortations de l'Esprit-Saint. Non, il n'est plus disciple de celui qui nous a tant aimés, qu'il a voulu mourir pour nous, et qui s'est laissé conduire au supplice cruel de la croix sans ouvrir la bouche, comme un agneau que l'on mène à la boucherie.

Il serait à désirer que l'agitation dans laquelle se trouve celui qui est en colère lui laissât la faculté de s'approcher d'une glace et d'y attacher son regard. L'altération de ses traits et la brutalité de ses mouvements rendant alors visible la dégradation à laquelle son âme est abandonnée, il en rougirait, et, voyant par ses yeux ce dont par la pensée il ne saurait se rendre compte, il deviendrait honteux du dégoûtant spectacle auquel il fait assister les autres. Voyez-le cet homme que la colère emporte : ses yeux s'enflamment, ses lèvres tremblent et écument, ses cheveux se dressent, tout son visage est en feu, ses paroles sont furieuses, aigres, bruyantes, entrecoupées ; tout son corps est dans des mouvements convulsifs.

Ce n'est plus même un homme, c'est un lion rugissant, c'est une bête féroce qui déchire tout si on ne la retient. Il appelle la vengeance ; ne pouvant l'assouvir, il convoque les démons à venir à son aide, et ses lèvres écumantes ont la témérité sacrilége de se porter jusque dans le ciel, et de vilipender de la manière la plus indigne et la plus outrageante le nom saint et redoutable du Dieu tout-puissant. Il blasphème : l'impie ! il voudrait peut-être arracher Dieu du ciel pour l'immoler à l'abominable esprit qui le possède.

Oh ! la colère, mes enfants, non-seulement elle rend l'homme semblable à un animal sauvage et féroce, mais elle anéantit la paix et le repos des familles ; elle sème à pleines mains la désunion, les inimitiés et les haines entre les enfants d'une même mère, entre les voisins, entre les habitants d'une même ville, d'un même pays. Il n'est pas rare qu'elle entraîne dans des injustices criantes, qu'elle frappe et blesse, qu'elle enfante des meurtres et des homicides. L'homme en colère n'entend pas ce que l'on dit, ne voit point ce qui se passe, et ne prend que confusément connaissance de ce qu'il fait. L'homme en colère peut briser ce qu'il a de plus précieux, outrager ce qu'il vénère, et tuer l'être qui lui est le plus cher. Oui, il y a du sang dans cette fougueuse passion !

Dès le commencement du monde, mes enfants, je vois la terre rougie de sang, et c'est un sang innocent versé par la main d'un frère ; c'est Caïn, qui, jaloux et furieux de ce que Dieu a rejeté son sacrifice, s'arme, frappe et immole à sa rage son frère Abel qui lui a été préféré. David a délivré Saül de l'orgueilleux Philistin qui chaque jour venait insulter à l'armée du peuple de Dieu ; David a vaillamment combattu pour son roi, et la victoire a couronné ses efforts, Saül devrait se joindre à son peuple et unir sa voix à celle de ses sujets pour célébrer la gloire et le triomphe du guerrier. Au contraire, il s'irrite, il s'abandonne à la colère, il lance son dard et veut percer le cœur de son libérateur, que Dieu protége.

L'homme colérique, dit l'Esprit-Saint, se rendra coupable de plusieurs actions criminelles à l'égard de son prochain, et il sera à lui-même son propre meurtrier. En effet, mes enfants, les grandes colères altèrent la santé, engendrent des maladies, abrégent la vie et causent des morts subites. Hélas ! que de gens que mes prières ont accompagnés jusqu'à la tombe, qui dorment maintenant parmi les morts, et qui auraient pu vivre pendant de longues années encore s'ils avaient su dompter leur colère, réprimer leurs empormentsI Cette furieuse passion a brisé leurs corps et tranché leur vie avant le temps. Dieu veuille, mes enfants, que leurs âmes ne soient pas perdues, que la haine et la vengeance se soient éteintes en elles au moment suprême, et qu'elles soient sorties de ce monde dans les sentiments d'une parfaite charité ! Mais je tremble quand je considère que l'Esprit-Saint met la colère, les dissensions, les querelles et les rixes, au nombre des péchés qui ferment le ciel, qui excluent du royaume de Dieu.

Eloignez-vous, autant que possible à l'instant même, de l'objet qui excite votre colére; gardez un profond silence aussi longtemps que dure l'accès, et donnez à la raison le temps de revenir, aux sens celui de se calmer, au jugement la faculté de reprendre son empire. Soyez chrétiens et demeurez résignés à la volonté du bon Dieu, convaincus que sans cette volonté suprême rien ne s'exécute ici-bas; et alors l'injustice du méchant ne vous irritera plus, la calomnie cessera de vous exaspérer, vous resterez, en quelque sorte, impassibles devant l'outrage, parce que vous ne verrez, dans l'offense qui vous est faite par votre semblable, que le châtiment que le Père commun vous inflige; vous laisserez la vengeance à Dieu, et vous ne voudrez plus sortir de la voie de douceur, de pardon et de bonté, où vous a précédés votre Sauveur et votre modèle.

ONZIÈME INSTRUCTION.

DE LA PARESSE.

Apprenez, mes enfants, que la paresse, le dernier des péchés capitaux, est une espèce de lâcheté et de langueur de l'âme qui nous donne du dégoût pour la vertu et tend à nous empêcher d'accomplir les devoirs communs à tous les chrétiens ou propres à chaque état. Elle devient un pé-

6.

ché mortel toutes les fois qu'elle nous fait manquer à une obligation grave. Il y a une paresse naturelle qui nous porte à l'oisiveté et au dégoût du travail. Il y a une paresse spirituelle qui nous porte à négliger nos devoirs de chrétiens, et contre laquelle le Sauveur cherche à nous prémunir quand il dit : *Veillez, car vous ne savez point à quelle heure le Seigneur doit venir.* Ces deux paresses sont sœurs, mais elles n'habitent pas toujours ensemble. En effet, tel est vigilant pour les affaires de ce monde, qui l'est fort peu pour celles de l'autre ; tel est plein d'activité et se livre aux plus pénibles travaux pour faire prospérer son commerce, pour accroître sa fortune et se mettre bien dans ce monde, qui est lent, négligent et pusillanime dans tout ce qu'il doit faire pour le service du bon Dieu, pour l'intérêt de son âme, pour son éternité ; il ne néglige rien pour se prémunir contre un préjudice matériel, et il ne fait rien pour éviter les préjudices de l'éternité. Cette paresse est bien contraire à l'amour que Dieu veut que nous ayons pour nous-mêmes, pour notre âme ! Elle est bien contraire au premier et au plus grand des commandements, qui est celui de l'amour de Dieu ! S'aime-t-il celui qui est sans goût pour la vertu et pour le ciel ? Aime-t-il son Dieu de tout son être celui qui est nonchalant, tiède et même froid dans l'accomplissement de ce que Dieu lui prescrit et lui commande ? Non. Aussi le Seigneur déclare-t-il qu'il ne peut supporter cet homme et qu'il le rejette.

Malheur à celui qui fait l'œuvre de Dieu avec négligence ! Plût au ciel que cette menace terrible ne pût s'adresser à aucune des âmes que le Seigneur a confiées à ma sollicitude ! Plût à Dieu qu'il n'y eût pas de paresseux dans la paroisse qu'il m'a donnée à conduire sur le chemin du ciel ! Mais sont-ils en petit nombre ceux qui ne pensent que très rarement à Dieu et à leurs âmes ; qui n'ont de goût, de zèle et de soin que pour les choses temporelles ; qui courent vers elles avec la plus grande vitesse, et ne marchent qu'à petits pas, avec lenteur, avec pesanteur, dans l'affaire si importante de leur éternité ? Sont-ils rares ceux qui ne sont jamais prêts, jamais de bonne volonté, quand il s'agit de faire quelque bien, de prendre part à une bonne œuvre ? ceux qui négligent l'accomplissement des devoirs de leur état, l'accomplissement des commandements de Dieu et de l'Eglise, parce qu'ils les trouvent pénibles et difficiles, ou ne les observent qu'à contre-cœur ? Des paresseux à l'égard de Dieu et de leur âme, hélas? il n'y en a que trop ! Que de gens qui laissent s'écouler inutilement les jours consacrés à Dieu ! Et comment vient-on rendre au bon Dieu le culte et les hommages qui lui sont dûs ? On entend une petite messe, par respect humain ou par routine, parce qu'on en a l'habitude; on y assiste avec un esprit dissipé, sans dévotion et sans prière, trouvant toujours l'office trop long, et redoutant que le ministre sacré ne monte en chaire pour adresser au peuple quelques mots d'exhortation, tant on a hâte de courir à son trafic, à son négoce, à ses divertissements, à ses plaisirs mondains, dans les cafés et les cabarets.

Ils sont encore du nombre des paresseux, ces hommes qui fuient et haïssent les braves gens qui leur adressent des réprimandes et qui leur reprochent leurs fautes et leurs désordres. L'Esprit-Saint les marque, pour ainsi dire, du sceau de réprobation, car il dit : *L'homme qui méprise avec une tête dure celui qui le reprend, tombera tout d'un coup par une chute mortelle, et périra à jamais.*

Vous venez de l'entendre, mes enfants, ils sont graves les péchés qui découlent de la paresse : elle produit l'oubli de Dieu, du salut et de l'éternité ; elle enfante le mépris des commandements, de la parole divine et de la piété, elle soutient la persévérance dans la voie de perdition, elle est la mère de l'endurcissement et de l'impénitence finale. C'est donc avec raison qu'un saint Père appelle la paresse le lit et l'oreiller du démon, et que l'Esprit-Saint la compare à une terre inculte et abandonnée qui est remplie de mauvaises herbes et dont les épines couvrent toute la surface. C'est une triste solitude, car il n'y a plus de vertu dans cette âme ; c'est un effrayant désert, un lieu plein d'horreurs, car les péchés y abondent. Sans doute, mes enfants, vous craindrez la paresse et vous l'éviterez, puisque vous voulez plaire au bon Dieu et aller au ciel.

FIN.

TABLE DES MATIÈRES.

PREMIÈRE PARTIE.

Trévoux. — Imp. et Lith. de J.-C. Damour.

www.ingramcontent.com/pod-product-compliance
Ingram Content Group UK Ltd.
Pitfield, Milton Keynes, MK11 3LW, UK
UKHW022109190726
13855UKWH00002B/751